Documents sur la Province du Perche (ouvrages ...)
2e série 8bis

Armorial de la Province du Perche 1696-1701
publié par MM. le Vte de Souancé et H. Tournoüer

124 p.

[ouvrage entièrement terminé, et complet]

... — *London, L. Sonnenschein*, 1907. In-16, XVI-221 p., plans et 1 atlas in-8°. [8° G. **3804**

[Special Campaign series. 6.]

GLUR (Gottfried). — Beiträge zur Fauna der schweizerischen Pfahlbauten, Inaugural-Dissertation... von Gottfried Glur,... — *Bern, Buchdruckerei K. J. Wyss*, 1894. 62 p. et pl.
[8° Θ Bern. ph. **146**

[Faunes des habitations lacustres de la Suisse.]

GLUSIANUS (Julius Caesar). — Tractatus de bonis insolutum dandis et de bonis ad hastam vendendis, Julii Caesaris Glusiani,... — Commentarii in capitulum nov. Dominii Mediolani constit. de bonis ad cridas ponendis, authore Julio Caesare Glusiano,... — *Antverpiae, apud J. A. Van den Bergh*, 1673. In-12, 110 p. et les index.
[F. **803** (2)

GLUSSIANUS (Joannes Petrus). — *Voir* **GIUSSANO** (Giovanni Pietro).

GLUTH (Oscar). — Lenz als Dramatiker, Inaugural-Dissertation... von Oskar Gluth. — *München, H. Sachs*, 1912. In-8°, 80 p. [8° Θ Mün. ph. **1525**

[Lenz, poète dramatique.]

GLUTZ-BLOTZHEIM (Robert). — *Voir*. **GLOUTZ-BLOZHEIM** (Robert).

GLUTZ-HARTMANN (L.). — Die Stadtbibliothek, ein Stück solothurnischer Culturgeschichte des 18. Jahrhunderts von L. Glutz-Hartmann,... — *Solothurn, Druck von B. Schwendimann*, 1879. In-4°, 37 p., portrait. [4° Q. Pièce. **241**

[La bibliothèque municipale (un chapitre de l'histoire des mœurs à Soleure au XVIII° siècle).]

GLUUD (Carl Hans). — Die rechtliche Stellung des Gesellschaftsvermögens nach dem BGB, Inaugural-Dissertation... von Carl Hans Gluud,... — *Berlin, E. Ebering*, 1910. In-8°, 138 p.
[8° Θ Jena. dr. **359**

[La situation juridique de l'actif social d'après le Code civil allemand.]

DOCUMENTS SUR LA PROVINCE DU PERCHE
2e Série. — III bis.

ARMORIAL

DE

LA PROVINCE DU PERCHE

1696-1701

PUBLIÉ

Par MM. le Vicomte DE SOUANCÉ et H. TOURNOÜER

D'APRÈS LE GRAND-ARMORIAL

De D'HOZIER

Conservé à la Bibliothèque Nationale

MORTAGNE
IMPRIMERIE DE *L'ÉCHO DE L'ORNE*

1897-1903

Les *Documents sur la province du Perche* paraissent tous les trois mois : en janvier, avril, juillet et octobre, en fascicules de 80 pages au moins, envoyés par la poste aux souscripteurs.

Le prix de la *souscription* pour un an est fixé à :

10 fr. pour la France et 12 fr. pour l'étranger.

Le prix des fascicules, pris au numéro, est de 3 fr. pièce.

Les souscriptions sont reçues chez les auteurs :

Vte DE ROMANET, château des Guillets, par Mortagne (Orne), et H. TOURNOUER, château de Saint-Hilaire-des-Noyers, par Nocé (Orne), ainsi que chez les dépositaires.

S'adresser pour le paiement des souscriptions à M. HUET, rue du Mail, à Mortagne.

Ouvrages entièrement terminés :

1re SÉRIE (Ouvrages anciens).

I *Recueil des Antiquitéz du Perche*, de BART DES BOULAIS, publié et annoté par M. H. TOURNOUER (400 pages, avec planches), 12 fr.

2e SÉRIE (Ouvrages modernes).

I *Géographie et Cartulaire du Perche*, par le Vte DE ROMANET (548 p., 1 carte et 17 photogravures), 20 fr.

II *Histoire religieuse de Mortagne*, par M. Joseph BESNARD.

III RECUEIL DE GÉNÉALOGIES DES FAMILLES DU PERCHE :

Généalogie de la famille de Boisguyon, par le Vte DE SOUANCÉ et le Vte DE ROMANET (60 p., une vue de château et un portrait), 4 fr.

Généalogie de la famille de Carpentin, par le Vte DE SOUANCÉ (28 p., une vue d'hôtel et 2 portraits), 2 fr.

Généalogie de la famille d'Escorches, par M. l'abbé GODET et le Vte DE ROMANET (150 p., *une vue de château et un portrait*), 8 fr.

IV *Mémoire historique sur la paroisse des Mesnus*, par M. l'Abbé GODET (81 p.), 5 fr.

VII *Notice sur la Manorière*, par le Vte DE SOUANCÉ.

3e SÉRIE (Chartes ou pièces justificatives).

I *Chartes servant de Pièces justificatives à la Géographie du Perche et formant le Cartulaire de cette province*, publiées par le Vte DE ROMANET (voir 2e série, I).

4e SÉRIE (Bibliographie).

Ibis *Bibliographie de Delestang*, par M. DE LA SICOTIÈRE, sénateur, 1 fr.

II *Bibliographie et Iconographie de la Trappe*, par M. H. TOURNOUER, 1er volume *(Ouvrages imprimés)*, 5 fr.

En cours de publication :

1re SÉRIE (Ouvrages anciens).

II *Courtin, histoire du Perche*, publiée par le Vte DE ROMANET et M. H. TOURNOUER.

2e SÉRIE (Ouvrages modernes).

IIIbis *Armorial de 1696 pour la province du Perche*, publ. par le Vte DE SOUANCÉ et M. H. TOURNOUER.

V *Mémoire sur le Mage*, par M. l'Abbé GODET.

VI *Histoire de la Grande-Trappe*, par M. le Cte DE CHARENCEY

3e SÉRIE (Chartes ou pièces justificatives).

II *Cartulaire de Marmoutier pour le Perche*, par M. l'Abbé BARRET.

4e SÉRIE (Bibliographie).

I *Bibliographie du Perche :* A Imprimés, B Manuscrits, par le Vte DE ROMANET et M. H. TOURNOUER.

5e SÉRIE (Chronique et Correspondance).

I Premier volume.

Mortagne. — Imp. de *l'Echo de l'Orne*, place d'Armes.

ARMORIAL

DE

LA PROVINCE DU PERCHE

1696-1701

DOCUMENTS SUR LA PROVINCE DU PERCHE
2e Série. — III bis.

ARMORIAL
DE
LA PROVINCE DU PERCHE

1696-1701

PUBLIÉ

Par MM. le Vicomte DE SOUANCÉ et H. TOURNOÜER

D'APRÈS LE GRAND-ARMORIAL

De D'HOZIER

Conservé à la Bibliothèque Nationale

MORTAGNE
IMPRIMERIE DE *L'ÉCHO DE L'ORNE*

1897-1903

ARMORIAL

DE

LA PROVINCE DU PERCHE

1696-1701

Publié par MM. le Vte DE SOUANCÉ et H. TOURNOÜER

REMARQUE. — *Le présent recueil héraldique est la reproduction de trois parties distinctes du* Grand-Armorial manuscrit *de d'Hozier, fondues en un seul ordre alphabétique des familles ou des localités, et comprend : 1° Tous les articles de l'élection de Mortagne, laquelle, comme on le sait, était entièrement comprise dans la province du Perche (Généralité d'Alençon, B. N., ms. fr. 32,212); 2° Les articles de l'élection de Verneuil qui ont paru se rapporter à notre province (Généralité d'Alençon, ms. fr. 32,212); 3° Enfin les articles relatifs au Perche de l'élection de Chartres (Généralité d'Orléans, ms. fr. 32,215).*

De plus on a indiqué quels sont les blasons qui se trouvent peints dans le Grand-Armorial manuscrit colorié, *également conservé à la Bibliothèque Nationale.*

Il n'est pas inutile de faire observer au lecteur que malgré le caractère officiel de ce texte, malgré son authenticité incontestable, il ne doit être consulté qu'avec la plus grande défiance au point de vue héraldique : en effet, il fut rédigé dans un but fiscal (tous ceux dont le nom y figurait devant payer 20 livres); il comprend sans aucune distinction les nobles ayant d'anciennes armoiries et les non-nobles auxquels il en est octroyé; et, chose beaucoup plus grave, on y voit souvent attribuées à des familles bien connues, ayant des armoiries historiquement et légalement connues, d'autres armoiries absolument fantaisistes et n'ayant aucun rapport avec les véritables. Bien entendu ces erreurs seront rectifiées dans les notes autant qu'il sera possible.

Abot

D'azur à une coquille d'argent, écartelé d'argent à un brin de fougère de sinople posé en pal (1).

Jacques Abot, éc[r], s[r] de Champs et de Reray.

(Elect. de Mortagne, p. 260 (2). *— Arm. col., p. 21.)*

D'azur à une coquille d'argent, écartelé d'argent à un brin de fougère de sinople posé en barre.

Jean-Louis Abot du Bouchet, ch[r], sg[r] de Surmont, Milan et patron honoraire de Courtoulin, conseiller du Roi en ses Conseils, Grand-Bailli et chef de la noblesse du Perche (3).

(Elect. de Mortagne, p. 259.)

Gilles-Antoine Abot, éc[r], prieur commandataire du prieuré de Sainte-Gauburge.

(Elect. de Mortagne, p. 291. — Arm. col., p. 416.)

D'azur à une coquille d'argent, écartelé d'argent à un brin de fougère de sinople posé en bande.

Marie Abot, femme de René de Puisaye, ch[r], sg[r] de la Mesnière.

(Elect. de Mortagne, p. 265.)

Ecartelé aux 1 et 4 de sable à une coquille d'argent; aux 2 et 3 d'or à une branche de fougère de sinople posée en barre.

Marie-Scholastique Abot, veuve de Jean Abot, éc[r], s[r] de Champs.

(Elect. de Mortagne, p. 1,032. — Arm. col., p. 823.)

Charles Abot, s[r] de Lignerolles.

(Elect. de Mortagne, p. 1,032. — Arm. col., p. 823.)

Jean Abot, éc[r].

(Elec. de Mortagne, p. 1,032 (4). *— Arm. col., p. 824.)*

(1) Les armoiries décrites ici et attribuées à Jacques Abot sont bien les armes de cette famille : ce sont celles qui sont indiquées dans la généalogie des Abot donnée par d'Hozier dans les *Registres de la Noblesse de France*, I, p. 5. Les armes attribuées ci-dessous aux autres membres de cette famille pourraient être regardées comme des brisures de cadets si elles se trouvaient ailleurs que dans cet armorial de 1696 dont beaucoup de blasons sont de pure fantaisie, comme nous l'avons déjà dit.

(2) Gouverneur de la ville et château de Mortagne. Voyez : Hardaz (Catherine du).

(3) Voir : Pelard (Marguerite).

(4) Voir aussi : Flamand (Marie), veuve de Jean-Louis Abot, éc[r].

AILBOUS

D'or, à un pal de sinople chargé d'un arc d'argent.

Jacques Ailbous, prêtre, curé de la paroisse de Champs.
(Elect. de Mortagne, p. 1,289. — Arm. col., p. 1,040.)

D'AMIOT (1)

D'argent, à un chevron d'azur chargé d'une étoile d'or et accompagné de trois trèfles d'azur.

Jacques d'Amiot, éc^r^, s^r^ de Boisloyer.
(Elect. de Mortagne, p. 1,000.)

D'ANTHENAISE

Bandé d'argent et de gueules de six pièces (2).

Pierre d'Anthenaise, s^r^ du Doit.
(Elect. de Mortagne, p. 264. — Arm. col., p. 119.)

ARCISSES (abbaye)

D'azur, au cœur d'or, ailé de même, surmonté d'une croisette d'argent.
(Elect. de Mortagne, p. 661.)

AUBERT

D'argent à trois fasces de sable, accompagnées de quatre roses de gueules portées en pal.

Jean Aubert, éc^r^, capitaine enseigne des Cent Suisses de Monsieur, frère unique du roi.
(Elect. de Mortagne, p. 995.)

(1) Ce nom est écrit *Damiot*, sans apostrophe, dans le ms. fr. 32,212; mais le vrai nom est *Amiot* ou *d'Amiot*, en effet nous trouvons dans le ms. de la *Recherche de la Noblesse* faite par de Marle en 1666 : « Jacques *Amiot*, s^r^ de Bois-Roger, à Colonard (maintenu). » Le texte de cette même *Recherche*, publié d'une façon des plus défectueuses dans l'*Annuaire de l'Orne pour l'année 1867*, porte *Anicot* au lieu d'*Amiot*. Magny (*Nobiliaire de Normandie*, I, 11) donne pour armes aux Amiot : *d'argent à quatre burelles de sable au lion du même brochant;* mais cet auteur n'indique aucune source et ne mérite que peu de confiance.

(2) D'après les *Registres de la Noblesse de France* de d'Hozier, Reg. Ier, p. 20, les armes de cette noble et ancienne famille sont : *bandé d'argent et de gueules de* HUIT *pièces*, et non de SIX.

Michel Aubert, valet de garde-robe de Monsieur, frère unique du roi.
(Elect. de Mortagne, p. 996.)

AUBIN

D'argent à un arbre de sinople.

Charles Aubin, curé de Mâle.
(Elect. de Mortagne, p. 1,034. — Arm. col., p. 826.)

AUBIN

D'or à une bande vivrée de sinople.

Julien Aubin, curé de la Rouge (1).
(Elect. de Mortagne, p. 1,240. — Arm. col., p. 1,006.)

AUROULX

D'azur à trois trèfles d'or, 2 et 1.

Philippe Auroulx, prêtre, curé de Malestable.
(Elect. de Verneuil, p. 648.)

AUVRAY

D'argent à un lion de gueules, à deux fasces d'or brochant sur le tout.

Nicolas Auvray, greffier des rolles.
(Elect. de Mortagne, p. 1,050. — Arm. col., p. 843.)

AVELINE

D'azur à trois coquerelles d'argent, tigées et feuillées de même.

Jacques Aveline, curé de Dancé.
(Elect. de Mortagne, p. 1,063. — Arm. col., p. 858.)

AVENANT

De sinople à un pal d'argent, chargé de trois roses de gueule.

Marie Avenant, veuve de René Pezé.
(Elect. de Mortagne, p. 1,234. — Arm. col., p. 1,000.)

(1) Pour *Marguerite Aubin*, voyez l'article *Crestot*.

Avenier de la Margottière

D'azur à un chevron d'or, accompagné en chef de deux roses tigées d'argent, et en pointe d'un lion de même.

Louis-François Avenier de la Margottière, officier de la Vénerie du roi.
(Elect. de Mortagne, p. 273.)

de Baigneux (1)

De sable à trois étoiles d'or.

Pierre de Baigneux, éc^r, s^r de Glatigny.
(Elect. de Mortagne, p. 271.)

Barban

De gueules à un loup passant d'or.

Louis Barban, chanoine de Mortagne.
(Elect. de Mortagne, p. 1,019. — Arm. col., p. 810.)

Baril

De sable à une croix ancrée d'argent.

Louis Baril, prêtre, curé de Saint-Jean de Mortagne (1).
(Elect. de Mortagne, p. 1,257. — Arm. col., p. 1,020.)

Baron

D'or à un chevron de gueules, accompagné de trois trèfles de sinople.

Guillaume Baron, s^r du Verger, Garde des Forêts du Perche.
(Elect. de Mortagne, p. 996.)

(1) Cette famille d'ancienne noblesse établie dans le Maine dès le commencement du XIVe siècle, a pour nom primitif *Teillaye*, changé plus tard en *Stellaye*, et a actuellement pour chef : Gustave-Alexandre-Maurice-Timoléon Stellaye de Baigneux, marquis de Courcival, ancien officier supérieur, ch^r de la Légion d'Honneur, décoré de la médaille de Mentana. Voyez : *Notices généalogiques sur la famille Stellaye de Baigneux de Courcival et ses alliances; — 1re partie; — Généalogie.* Mamers, Fleury et Dangin, 1883; in-8° de 65 p.

(2) Il prit possession de la cure le 22 décembre 1693 et mourut le 18 janvier 1716. (*Hist. relig. de Mortagne*, par J. Besnard, p. 30.)

BAROUX

D'argent à un pal de gueules.

Pierre Baroux, s[r] des Eteilleux, officier de feu Madame (1).
(Elect. de Mortagne, p. 997.)

BARRÉ

De sable à un lion d'argent.

Bonaventure Barré, chanoine de l'église de Nogent-le-Rotrou.
(Elect. de Mortagne, p. 1,227.)

BARROUX

D'argent à deux haches d'armes de sable renversées et mises en pal.

Pierre-Alexandre Barroux, s[r] de la Charbottière (2), gendarme de la Garde Ordinaire du roi.
(Elect. de Mortagne, p. 1,240. — Arm. col., p. 1,005.)

DE BARVILLE

D'argent à deux bandes de gueules.

Antoine de Barville, éc[r], s[r] de la Chausserie (3).
(Elect. de Mortagne, p. 270. — Arm. col., p. 114.)

Voir : *Foussard (Anne).*
Charles de Barville, s[r] de Chasserie.
(Elect. de Mortagne, p. 430.)

Gallois de Barville, éc[r], s[r] de Chanceaux, lieutenant-colonel du régiment d'infanterie de l'Ile-de-France.
(Elect. de Mortagne, p. 277.)

Louis de Barville, sg[r] des Aulnais.
(Elect. de Mortagne, p. 256. — Arm. col., p. 111.)

René de Barville, s[r] de Chastelliers.
(Elect. de Mortagne, p. 290. — Arm. col., p. 112.) (4)

(1) Voir : *Boullye (Françoise).*
(2) Il épousa Anne-Marguerite Jacquot (?).
(3) Voir : *Foussard (Anne).*
(4) Pour *Louise de Barville*, voyez l'article de *Mallard.*

DE BARVILLE[-NOCÉ] (1)

D'or au sautoir engreslé de gueules, accompagné de quatre lionceaux de sable.

André de Barville, ch[r], sg[r] de Nocé.
(Elect. de Mortagne, p. 269 et 280. — Arm. col., p. 22.)

BEAUFILS

D'azur à un chevron d'or, accompagné en pointe d'une étoile de même.

Gilles Beaufils, curé de Saint-Germain d'Appenay.
(Elect. de Mortagne, p. 1,062. — Arm. col., p. 856.)

DE BEAUMAISTRE

D'azur à une bande d'or, accompagnée de quatre coquilles d'argent, une en chef et trois en pointe, celles-ci posées en bande.

François de Beaumaistre (2), éc[r], s[r] de la Ferette.
(Elect. de Mortagne, p. 365.)

DE BEAUVAU

D'argent à quatre lionceaux cantonnés de gueules, armés, lampassés et couronnés d'or.

Catherine de Beauvau, veuve de Claude-Louis de Bullion, ch[r], m[is] d'Atilly, [sg[r] de Lonné, Igé, Marcilly, Deux-Champs, etc.] (3)
(Elect. de Mortagne, p. 284.)

(1) Il y a dans le Perche deux familles de Barville : la première semble descendre des anciens sg[rs] de la terre du même nom (commune du canton de Pervenchères) ; la deuxième, qui porte des armes différentes de la première, peut avoir la même origine et avoir abandonné ses armes primitives pour prendre celles des sires de Courboyer dont elle hérita à la fin du XVe siècle ; ou bien elle peut avoir une origine plus lointaine : en effet il y a des localités nommées *Barville* dans les arrondissements de Bernay, de Barfleur, d'Yvetot, de Pithiviers et de Neufchâteau.

(2) V. B. N., cab. des titres, car. d'Hoz. 72, p. 273. — Cab. d'Hoz. 33. — Voir : *Fontenay (Marguerite-Thérèse de).*

(3) Marie-Catherine de Beauvau, veuve du marquis d'Atilly en 1693, se remaria à Pierre de Barville, ch[r], sg[r] de Nocé.

Béchet

D'or à une croix ancrée de sable.

Pierre Béchet, curé de Saint-Cir.

(Elect. de Mortagne, p. 1,229. — Arm. col., p. 996.)

Bellanger

Losangé d'or et de gueules.

Jean Bellanger, chapelain de Voré.

(Elect. de Mortagne, p. 1,056. — Arm. col., p. 850.)

de Bellejambe

D'argent à quatre bandes de gueules.

Charlotte de Bellejambe, veuve de François Guérin, éc^{r}, s^{r} de Saint-Paul (1).

(Elect. de Mortagne, p. 1,247. — Arm. col., p. 1,015.)

Bellême (la ville de)

D'argent à un château ouvert d'or, donjonné de trois tours d'or.

(Elect. de Mortagne, p. 1,252.)

Bellême (communautés, corporations de)

La communauté des boulangers de Bellême.

D'argent à une pelle de four de sable en pal chargée de trois pains d'argent ?

(Elect. de Mortagne, p. 1,225.)

La communauté des chirurgiens, perruquiers, apothicaires de Bellême.

D'azur à une spatulle d'argent mise en pal : à dextre un rasoir de même et à senestre un peigne d'or.

(Elect. de Mortagne, p. 1,225.)

La communauté des maréchaux, bourliers et serruriers de Bellême.

D'argent à un collier de cheval de gueules, adextré d'une clef de sable et senestré d'une butte de même.

(Elect. de Mortagne, p. 1,226.)

(1) Voir : *Guérin (François).*

La communauté des charpentiers, maçons, menuisiers de Bellême.

D'azur à un rabot d'or posé en fasce, surmonté d'une hache couchée d'argent et accompagné en pointe d'une truelle d'argent emmanchée d'or.

(Elect. de Mortagne, p. 1,226.)

La communauté des cordonniers, chapeliers de Bellême.

D'argent à un chapeau de sable et un chef de gueules, chargé d'un couteau à pied d'argent emmanché d'or.

(Elect. de Mortagne, p. 1,226.)

Le corps des officiers de la maîtrise des Eaux et Forêts de Bellême.

D'azur à un marteau couronné d'or, accosté de deux fleurs de lis d'or.

(Elect. de Mortagne, p. 1,231.)

Le corps des officiers de la Vicomté de Bellême.

D'azur à trois fleurs de lis d'or, deux et un.

(Elect. de Mortagne, p. 1,231.)

Le corps des officiers du Grenier à Sel de Bellême.

D'azur à une fasce d'argent, chargée des mots « grenier à sel » de sable et accompagnée de trois fleurs de lis d'or, deux en chef, une en pointe.

(Elect. de Mortagne, p. 1,231.)

La communauté des tanneurs de Bellême.

D'azur à deux couteaux de tanneurs d'argent emmanchés d'or, posés en sautoir.

(Elect. de Mortagne, p. 1,231.)

La communauté des hôteliers et marchands de vin de Bellême.

D'azur à quatre barils d'or posés 2 et 1.

(Elect. de Mortagne, p. 1,231.)

La communauté des cardeurs, tisserands, étaminiers de Bellême.

D'azur à deux cordes d'or en chef et une navette de même en pointe posée en pal.

(Elect. de Mortagne, p. 1,232.)

La communauté des officiers du baillage de Bellême.

D'azur à trois fleurs de lys d'or.

(Elect. de Mortagne, p. 1,240.)

La communauté des drapiers de la ville de Bellême.

De gueules à une bande d'argent, chargée d'un cœur d'azur.

(Elect. de Mortagne, 1,286.)

La communauté des Frères de la Charité de Saint-Pierre de Bellême.

De sinople à une barre d'or, chargée d'une croisette pattée de sable.

(Elect. de Mortagne, p. 1,286.)

La communauté des marchands de toile et fillotiers de la ville de Bellême.

De sable à un pal d'or chargé d'un lambel à trois pendants de sinople.

(Elect. de Mortagne, p. 1,287.)

BENIER

D'azur à trois pals d'or, au chef d'argent chargé d'une croisette de gueules.

Simon Benier, curé de Saint-Ouen-de-la-Cour.

(Elect. de Mortagne, p. 1,003. — Arm. col., p. 792.)

DE BERCHER (1)

D'azur à un chevreuil ou jeune cerf rampant d'or, tenant une lance de même.

Gilles de Bellecher, éc[r], sg[r] de Saint-Germain-de-Martigny.

(Elect. de Mortagne, p. 267. — Arm. col., p. 120.)

Jean-Antoine de Bercher, éc[r], cap[ne]. On lui donne pour armes dans le ms. de l'Armorial : *de gueules à trois molettes d'or, 2 et 1*; mais ce sont évidemment des armes attribuées d'office par les commis.

(Elect. de Mortagne, p. 1,022.)

(1) Ce nom est écrit fautivement *de Bellecher* à l'art de Gilles dans le ms. de l'armorial. Gilles de Bercher avait épousé Geneviève de Chandebois, voyez plus loin l'art. *de Chandebois*. Jean de Bercher, sg[r] de Montchevrel, à Saint-Germain-de-Martigny, maintenu en 1666, portait : *d'azur au cheval cabré d'or, les pieds posés sur une longue épée de même en bande.*

BERCIL

D'argent à la bande d'azur chargée de trois arbres d'or.

Antoine Bercil, curé des Noyers (1).
Arm. col. p. 794.

BERCIL

Palé d'argent et de sable de six pièces.

Robert Bercil, notaire royal à Bellême.
(Elect. de Mortagne, p. 1,244. — Arm. col., p. 413.)

DE BERNARD

D'azur à trois farces ondées d'or.

Charles de Bernard (2), éc^{r}, sg^{r} de Marigny.
(Elect. de Mortagne, p. 263. — Arm. col., p. 118.)

BERNIER

D'azur à trois pals d'or, au chef d'argent chargé d'une croisette de gueules.

Simon Bernier, curé de St-Ouen-de-la-Cour.
(Elect. de Mortagne, p. 1,003. — Arm. col., p. 792.)

BERTOU

D'azur à une tour d'or.

Simon Bertou (3).
(Elect. de Mortagne, p. 1,013. — Arm. col., p. 803.)

BEUZELIN

D'azur à trois roses d'argent deux en chef, une en pointe, à un trèfle d'or posé en abîme.

Catherine Beuzelin, veuve de Rodolphe Baudrais.
(Elect. de Mortagne, p. 1,009. — Arm. col., p. 799.)

BIGNON

De sable à un lion d'argent.

Marie Bignon, fille.
(Elect. de Mortagne, p. 1,233.)

(1) Curé de Saint-Hilaire-des-Noyers (Orne), du 29 décembre 1681 au 11 octobre 1715.

(2) Il demeurait au lieu de la Garenne, p^{sse} de Saint-Langis (Minutes de Me Heudeline, notaire à Mortagne.)

(3) Sr de Courteilles.

BIGOT

De sable à trois têtes de léopard d'or, deux et un (1).

Noël Bigot, curé de Comblot.

(Elect. de Mortagne, p. 1,033. — Arm. col., p. 824.)

BILLARD

D'azur à une croix d'or.

Renée Billard, fille.

(Elect. de Mortagne, p. 1,228.)

BILLARD

De sable à une croix d'argent cantonnée de quatre roses de même.

Alexandre Billard (2) conseiller du roy, élu en l'élection de Mortagne.

(Elect. de Mortagne, p. 1,239. — Arm. col., p. 1,005.)

BILLARD

D'or à un pal de gueules chargé d'une baïonnette d'argent.

Noël Billard, s[r] de Champrond, maître des forges de la Frette. (3).

(Elect. de Mortagne, p. 1,290. — Arm. col., p. 1,043.)

BLANCHOUIN (4)

D'argent à une fasce de gueules chargée d'un trèfle d'or.

Robert de Blanchouin, éc[r], s[r] de la Hélière et Claude de Blanchouin, éc[r], s[r] du Haut-Désiré (5).

(Elect. de Mortagne, p. 280.)

(1) Ces armes sont cellles des *Bigot, sgr de la Touanne, v[te] de Morogues* en Berry, mais cela ne prouve pas absolument que le curé de Comblot indiqué ici appartienne à cette famille.

(2) Sr de la Heillière.

(3) Pour *Grégoire Billard*, voyez l'article : *Taboy.*

(4) Cette famille était issue de Jacques Blanchouin qui était, en 1593, Cons[r], Secr[re] du Roi, Maison, Couronne de France, etc.

(5) Pour *Claude de B.*, voyez l'article : *Rocourt.*

Robert de Blanchouin, éc[r], s[r] de la Hélière, représenté par Françoise du Grenier, sa veuve. Voir : *Grenier (Françoise du).*

(Elect. de Mortagne, p. 278.)

Elisabeth-Jeanne de Blanchouin, fille.

(Elect. de Mortagne, p. 1,064.)

On lui donne pour arme : *d'azur à trois fasces d'argent.*

N..... de Blanchouin, damoiselle.

On lui attribue : *de gueules à un cygne d'argent.*

(Elect. de Mortagne, p. 1,253.)

[Marie de Blanchouin], femme de Gilles d'Escorches, s[r] de Boutigny.

On lui attribue : *d'argent à un aigle de sinople.*

(Elect. de Mortagne, p. 1,242.)

Le Blond

D'argent à trois châteaux de gueules.

Nicolas Le Blond, cons[r] du Roi, élu, assesseur en l'élection de Mortagne.

(Elect. de Mortagne, p. 999. — Arm. col., p. 788.)

Blondeau

D'or à un chevron d'azur, chargé d'un croissant d'argent et accompagné de trois œillets de gueules tigés et feuillés de sinople.

Marin Blondeau, prêtre, à Mortagne (1).

(Elect. de Mortagne, p. 1,009. — Arm. col., p. 798.)

Bochard

D'azur à un croissant d'argent, surmonté d'une étoile de même.

Anne Bochard.

(Elect. de Mortagne, p. 263.)

La famille Bochart est originaire de Bourgogne, et remonte à Guillaume Bochard ou Bochart, sg[r] de Noroi, gentilhomme servant du roi Charles VII. Jean Bochard de Champigny, fut, vers 1750, prieur-commandataire du prieuré de Saint-Pierre de Coulimer.

(1) Chapelain de l'église collégiale de Toussaint.

DU BOCQUET (1)

D'azur au chevron d'or, accompagné de trois annelets d'argent. deux en chef et un en pointe.

François du Bocquet, éc[r], lieut[t] dans le régiment de Breteuil.
(Elect. de Mortagne, p. 432.)

BOILLEAU

De sinople à trois cygnes d'argent posés deux et un.

[Voir : *Marguerite*].

Boilleau, épouse de Pierre Rivet, procureur du roi à Bellême.
(Elect. de Mortagne, p. 1,021. — Arm. col., p. 812.)

DU BOIS

D'azur à trois trèfles d'argent, deux et un.

Pierre du Bois, éc[r], s[r] du Buisson (2).
(Elect. de Mortagne, p. 291.)
Voir : *Inconnus, n° 22.*

BOISAMIN

De gueules à une bande d'argent accostée de six étoiles d'or posées en bande, trois dessus et trois dessous.

Charles Boisamin, chapelain de Sainte-Anne de Courgeon.
(Elect. de Mortagne, p. 1,033. — Arm. col., p. 825.)

DU BOISLE

D'or à un lion de sable.

Isaye Du Boisle, greffier des rolles.
(Elect. de Mortagne, p. 1,049. — Arm. col., p. 842.)

(1) Ce nom d'une forme bizarre est évidemment fautif et l'individu qu'il concerne est sans aucun doute le même que *François du Bosquet, éc[r], lieut[t] de dragons,* mentionné ci-dessous et auquel l'armorial attribue d'autres armoiries.

(2) Il était fils de Marin du Bois et de Louise de Villaine et ép., en la par[sse] de Nogent-le-Rotrou, le 8 oct. 1679, Anne Blot, fille de Thomas Blot et de Françoise Bordel.

Bonnet

D'argent à une rencontre de bœuf de gueules.

Guillaume Bonnet, chanoine de Saint-Jean de Nogent.
(Elect. de Mortagne, p. 1,036.)

de Bonvoust

D'argent à deux fasces d'azur accompagnées de six merlettes de sable, trois, deux et une.

René-Charles de Bonvoust, éc^r, sg^r de Ré (1).
(Elect. de Mortagne, p. 293. — Arm. col., p. 115).

Claude de Bonvoust (2), éc^r.
(Elect. de Mortagne, p. 1,015. — Arm. col., p. 805).

René-François de Bonvoust.
Voir : *Inconnus*, n° 1.

Jean-Baptiste de Bonvoust, éc^r, sg^r de Courgeoust (3).
Voir : *Villereau (Françoise de)* (4).

de la Borde

De gueules à trois pals d'or.

Marie de la Borde, veuve de Gilles du Mouchet, éc^r.
(Elect. de Mortagne, p. 1,012. — Arm. col., p. 803.)

Madeleine de la Borde. Voir : *Mouchet* [*Gilles du*].

Bordel

D'azur à une tour d'argent, accompagnée en chef d'une étoile d'or, entre deux merlettes d'argent.

Jacques Bordel, éc^r, sg^r de la Bouteillière, prevôt provincial du Perche (5).
(Elect. de Mortagne, p. 269. — Arm. col., p. 437.)

(1) Fils de François de Bonvoust, ch^r, sg^r du Plessis et de Marthe de Puisaye qui s'étaient mariés le 26 juillet 1646.

(2) On lui attribue dans l'armorial : *d'azur à trois gerbes d'or, deux et une surmontées en chef d'un soleil de même.* Ce sont évidemment des armes fantaisistes imposées d'office.

(3) Fils de Jean IV de Bonvoust, baron de Montgaudry, sg^r d'Aunay et de Prulay, et de Renée de Gruel, dame de Courgeoust.

(4) Jean-Louis de Bonvoust, baron d'Aunay et sa mère Catherine du Pont, veuve de Jean-René de B. firent enregistrer aussi leurs armes dans l'armorial ainsi que Claude de B., éc^r (*Election d'Alençon*, p. 172, 186 et 493; *Armorial col.*, p. 101, 196 et 889.)

(5) Fils de Jean Bordel, éc^r, s^r de Messasselle, prévôt provincial du

Marguerite Bordel (1), épouse de Jean-Baptiste Le Cointre, éc^r, s^r du Tertre, cons^r du Roi, rec^r en titre au Grenier à sel de Nogent-le-Rotrou.

(Elect. de Mortagne, p. 281. — Arm. col., p. 337.)

Anne Bordel, fille.

(Elect. de Mortagne, p. 1,043. — Arm. col., p. 1,105.)

François Bordel (2), chanoine à Nogent-le-Rotrou.

(Elect. de Mortagne, p. 1,043. — Arm. col., p. 835.)

Marie Bordel, fille. (3)

(Elec. de Mortagne, p. 1,046. — Arm. col., p. 1,105.)

DU BOSQUET (4)

De gueules à une croix dentelée d'argent.

François du Bosquet, éc^r, lieut^t de dragons.

(Elect. de Mortagne, p. 1,247. — Arm. col., p. 1,015.)

DU BOUCHET

De sable à trois fasces d'argent.

Jeanne du Bouchet, veuve de Germain du Mouchet, éc^r (5).

(Elect. de Mortagne, p. 1,061. — Arm. col., p. 856.)

Perche, secr^re du roi, et de Madeleine Boisseau ; Jacques Bordel, s^r de la Bouteillière, en St-Maixent, avait, entre autres, pour frères : Jean B., dont le fils Jacques, également prévôt prov^l du Perche, fut seigneur de Viantais, en Bellou-sur-Huîne, et François B., s^r du Plessis, mestre de camp de cavalerie, anobli pour services militaires en septembre 1660, et qui portait : *de gueules à la tour d'argent, au chef d'azur chargé d'une étoile d'or entre deux merlettes d'argent.* (Notes tirées des archives du château de la Goupillière, appartenant à la c^tesse de Glatigny et communiquées par M. le v^te d'Elbenne.

(1) Elle était fille de Michel Bordel, cons^r du roi, élu en l'élection de Mortagne. Dans l'armorial ms. et dans l'armorial col., on lui donne pour armes : *d'azur à une fasce d'argent chargée de deux merlettes de sable et accompagnée en chef d'une étoile d'or et en pointe d'une tour d'argent ;* ce qui est évidemment une brisure fantaisiste.

(2) On donne pour blason dans l'armorial à Anne et François B : *d'azur à une fasce d'argent bordée d'or.*

(3) L'armorial lui attribue pour armes : *d'argent à une bande de gueules bordée d'argent.*

(4) Voir ci-dessus l'art. : *du Bocquet.*

(5) Jeanne du Bouchet, fille de César du Bouchet, s^r de la Guyonnière, et de Marie de Billon, ép. le 12 mai 1670 Germain (non du Mouchet, mais) du Mousset, éc^r, s^r de Vauroux, fils de Germain du M. et de Jacqueline Caronnet. (Reg. de la p^sse des Etilleux.)

Bougrain

De sinople à une bande d'or.

Claude Bougrain, prêtre, curé de Fontaine-Simon.
(Elect. de Mortagne, p. 1,242. — Arm. col., p. 1,008.)

Bouillé (de)

D'argent à une aigle d'azur, couronnée becquée et membrée d'or.

Charles de Bouillé (1), éc[r], s[r] de Longbuisson.
(Elect. de Mortagne, p. 517. — Arm. col., p. 900.)

D'azur à une fasce d'argent (2).

Charles de Bouillé (3), éc[r], s[r] de Longbuisson.
(Elect. de Mortagne, p. 1,247. — Arm. col., p. 1,016.)

N..... de Bouillé, éc[r], s[r] de Longbuisson.
Voir : *Inconnus.* N° 17 et 26.

Bouillye

D'or à un aile de gueules.

Denys Bouillye, greffier au Grenier à sel de Mortagne.
(Arm. col., p. 908.)

Boullay

De gueules à un léopard d'or.

Jean Boullay, notaire royal à Mortagne.
(Elect. de Mortagne, p. 1,240. — Arm. col., p. 1,006.)

(1) Fils de François de Bouillé et de Louise des Feugerets. Il épousa Jacqueline de Courtallain, fille de Claude et de Suzanne de la Chaussée, le 6 janvier 1644 et en deuxième noces N.. de Fontenay (*B. N. doss. bleu 118.*

(2) Ce blason est évidemment imposé d'office et de pure fantaisie. Magny (II. 29) donne pour armes aux Bouillé de Longbuisson ; maintenus le 29 juillet 1667 : *d'argent à l'aigle au vol abaissé d'azur, becquée, membrée et couronnée d'or.* Cette famille semble bien distincte des de Bouillé de Créances, en la généralité de Caen qui portaient : d'argent à la fasce de gueule frettée d'or, accostée de deux burelles de gueules.

Ainsi que des de Bouillé du Chàriol, en Auvergne qui portent : *de gueules à la croix ancrée d'argent,* et qui sont croyons-nous les seuls gentilshommes de ce nom subsistant aujourd'hui.

(3) Fils du précédent. Il épousa en 1697 ou 1698 Françoise de Pierrecocq de Bailleul (d. id.)

Le dict[re] hérald. de l'abbé Migne et après lui M. de Magny (T. 30) donnent pour armes aux Bouyer de Saint-Gervais : *d'or à 3 têtes de lion d'azur lampassées de gueules ; au chef du même.*

LE BOULLEUR (1)

D'azur à un chevron d'or accompagné de trois boulles de même, deux en chef et une en pointe, chacune pendue à un chaînon d'argent.

Nicolas le Boulleur, éc[r] sg[r] du Gay.
(Elect. de Mortagne, p. 268. — Arm. col., p. 113.)

René Le Boulleur, s[r] de la Regnaudière.
(Elect. de Mortagne, p. 268. — Arm. col., p. 120.)

Jean Le Boulleur (2), s[r] de Malnos.
(Elect. de Mortagne, p. 270. — Arm. col., p. 113.)

N..... Le Boulleur, fille (3).
(Elect. de Mortagne, p. 1,248. — Arm. col., p. 1,110.)

René Le Boulleur (4), éc[r].
Voir : *Godefroy (Catherine de).*

Gilles Le Boulleur (5), éc[r], s[r] du Guay.
Voir : *Frémont (Louise de).*

Robert-Charles Le Boulleur, éc[r], s[r] de Brotz et Jacqueline-Angélique de Launay, sa femme.
(Elect. de Verneuil, p. 225. — Arm. col., p. 185.)

Madeleine Le Bouleur, veuve d'Henry du Not, éc[r], s[r] de Berville.
(Arm. col., p. 322.) (6).

(1) La famille Le Boulleur, ou mieux : Le Bouleur, qui eut dans le Perche d'importantes seigneuries : Prulay, Montgaudry, etc., est issue de Guillaume Le Bouleur, qui, avec Jehan du Mesnil, Jehan Brosset et Jehan Moinet, comme lui échevins d'Alençon, arriva en 1449 (n. st.) à faire pénétrer le duc d'Alençon dans cette ville et à en chasser les Anglais. Le duc leur donna à tous quatre, le 5 décembre, des lettres de noblesse. (Odolant Desnos, mémoires hist. sur Alençon, II, p. 75 et suiv.)

(2) Fils de Hugues le Bouleur et de Catherine du Faï. Il fut accordé, le 12 juin 1665, avec Marie Gravelle, fille de Mathurin Gravelle, receveur des cens et rentes de la baronnie de Longny et de Françoise Pierre (*B. N. Cab. d'Hoz. 58*).

(3) L'armorial lui attribue, évidemment par erreur : *d'or à trois fasces de sinople.*

(4) Frère du précédent, s[r] de la Regnardière. Il fut accordé, le 6 juillet 1664, avec Catherine Godefroi, fille de Jean Godefroi, s[r] de la Petite Noë et de Marie Gravelle (*id.*).

(5) Frère du précédent, accordé le 3 mars 1658, avec Louise de Frémont, fille de François de Frémont, s[r] de Boulengard et de Françoise Brisard (*id.*).

(6) L'arm. col. donne : *d'argent chargé de quatre étoiles de sinople et de quatre croix de même posées en pal. qui sont: du Not.*

DU BOULLOT

D'or à un sanglier de sable, au chef de même, chargé de trois besans d'or.

Charlotte du Boullot, fille.

(Elect. de Mortagne, p. 659.)

BOULLYE

De sinople à cinq roses d'or posées en sautoir.

[Françoise Boullye] (1), femme de Pierre Baroux, éc^r^, s^r^ des Etilleux, officier de feu madame.

(Elect. de Mortagne, p. 1,055. — Arm. col , p. 849.)

BOURDON

De gueules à un bourdon d'or accosté de deux croisettes de même.

Louis Bourdon, curé de Pouvray.

(Elect. de Mortagne, p. 1,224. — Arm. col., p. 990)

BOURRÉ

D'azur à une fasce d'argent.

Marthe Bourré, veuve de Joseph Petigars, cons^r^ du Roi, prés^t^ en l'élection de Mortagne.

(Elect. de Mortagne, p. 1,233. — Arm. col., p. 999.)

DE LA BOUSSARDIÈRE

D'argent à un chevron de gueules accompagné de trois molettes de même (2).

Pierre de la Boussardière, éc^r^, s^r^ de Launay.

(Elect. de Mortagne, p. 431. — Arm. col., p. 341.)

De gueules à une fasce d'argent accompagnée de trois têtes de léopards d'or.

Marc de la Boussardière, éc^r^, s^r^ de Beaurepos.

(Elect. de Mortagne, p. 1,001. — Arm. col., p. 790.)

DE BOUTICOURT

Bandé d'argent et d'azur de six pièces.

François de Bouticourt, officier de la Grande-Ecurie du Roi.

(Elect. de Mortagne, p. 1,236. — Arm. col., p. 1,002.)

(1) Probablement de la même famille que Denis Bouillye ci-dessus.

(2) On leur attribue dans le dict^re^ hérald. de l'abbé Migne : *d'argent au chevron de gueules accompagné en pointe d'un croissant du même, au chef d'azur chargé de trois colombes d'or.*

BOUTRAIS

De gueules à deux étoiles d'or en chef, et un croissant d'argent en pointe.

Pierre Boutrais.

(Elect. de Mortagne, p. 1,048. — Arm. col., p. 842.)

Marin Boutrais.

(Elect. de Mortagne, p. 1,049. — Arm. col., p. 842.)

LE BOUYER

D'or à trois têtes de lion arrachées de sable, deux et une, au chef de gueules.

Gabriel Le Bouyer, éc^r^, s^r^ de Saint-Gervais.

(Elect. de Mortagne, p. 658.)

Robert Le Bouyer, éc^r^, s^gr^ de Margua (1).

(Elect. de Mortagne, p. 262. — Arm. col., p. 117.)

DE BOYÈRE

D'azur à croissant d'argent surmonté d'une étoile à six raiss d'or.

Thomas de Boyère, officier de feue Madame la Duchesse douairière d'Orléans.

(Elect. de Mortagne, p. 1,038. — Arm. col., p. 831.)

DE BRAY

D'argent à trois trèfles de sinople, deux et un.

Gilles de Bray, prêtre et chanoine de Saint-Jean de Nogent-le-Rotrou.

(Elect. de Mortagne, p. 284.)

DES BRETIGNIÈRES

De vair à une fasce ondée d'argent.

Feu Antoine des Bretignières, éc^r^.

(Elect. de Mortagne, p. 1,254. — Arm. col., p. 1,018.)

Voir : *La Planche (Constance de).*

(1) V. *Hist. religieuse de Mortagne*, par J. Besnard, p. 94. Ce Robert est indiqué sous le nom de Robert *le Bovier*, éc^r^ s^r^ du Marga dans l'arm. ms. él. de Mortagne p. 1019 et dans l'Arm. col. p. 889 où on lui attribue pour armes : *écartelé d'or et d'azur, à quatre quintefeuilles de l'un en l'autre.*

Pour Gabriel le Bovier (ou le Bouyer) éc^r^, voir : Inconnus, n° 31.

De gueules à trois chevrons d'argent.

Pierre-Jacques des Bretignières, éc^{r}, s^{r} du Pont.
(Elect. de Mortagne, p. 1,257. — Arm. col., p. 1,020.)

LE BRETON

D'argent à trois roses de gueules, deux et une.

Jacques Le Breton, éc^{r}, s^{r} de Vaunoise, représenté par sa veuve Marie Le Geay.
(Elect. de Mortagne, p. 276.)

Voir : *Lejay (Marie).*

Alexandre-Michel Le Breton, éc^{r}, s^{r} de Donanville.
(Elect. de Mortagne, p. 269. — Arm. col., p. 118.)

D'azur à un chevron d'argent, au chef de gueules, chargé de trois besans d'or.

Françoise Le Breton, fille (1).
(Elect. de Mortagne, p. 1,001. — Arm. col., p. 790.)

De sinople à un pal d'or.

Marie Le Breton, fille (1).
(Elect. de Mortagne, p. 1,224. — Arm. col., p. 1,107)

D'azur à une bande d'or.

Jacques Le Breton, ec^{r} (1).
(Elect. de Mortagne, p. 1,253. — Arm. col., p. 1,017).

BRETONCELLES

(Communauté des frères de la Charité de)

D'azur à un pal d'argent chargé d'un lion de gueules.
(Elect. de Mortagne, p. 1,288. — Arm. col., p. 1.042.)

DU BREUIL

D'azur à un chevron d'or accompagné de trois croissants de même.

Charles-Grégoire du Breuil, éc^{r}, prêtre, curé de Bellavilliers.
(Elect. de Mortagne, p. 660. — Arm. col., p. 419.)

(1) Françoise, Marie et Jacques le Breton étaient probablement, malgré les armes différentes à eux ici attribuées, de la même famille que Jacques, sg^{r} de Vaunoise. Cette famille, une des plus anciennes du Perche existe encore dans le Maine où elle porte très honorablement le nom de *Vaunoise* légèrement modifié ; son chef le vicomte de *Vaunoise* réside au château de Saint-Mars-la-Bruyère, près du Mans.

D'azur à trois têtes de léopard d'or.

Pierre du Breuil, curé d'Igé.

(Elect. de Mortagne, p. 1,030. — Arm. col., p. 821.)

DE BRISSARD

Fascé d'azur et d'argent de six pièces, les trois d'azur chargées au milieu d'une aigle éployée d'or et aux deux côtés de deux lions de même affrontés ; à l'orle d'argent enchaînée de même ; la première fasce d'argent chargée de quatre mouchetures d'hermines de sable ; la deuxième de trois et la troisième de deux.

Etienne de Brissard, éc^r^, s^r^ de la Brosse.

(Elect. de Mortagne, p. 272. — Arm. col., p. 114.)

D'argent à un pal d'hermines.

Marie Brissard, fille.

(Elect. de Mortagne, p. 1,228. — Arm. col., p. 1,108.)

D'azur à un léopard d'or.

Etienne de Brissard, éc^r^, s^r^ de la Brosse.

(Elect. de Mortagne, p. 1,248. — Arm. col., p. 1,008.)

BRISSET

D'argent à un massacre de cerf de sable.

Claude Brisset, curé de Courgeon.

(Elect. de Mortagne, p. 1,088. — Arm. col., p. 825.)

BRISSON

D'azur au lion d'or, tenant en ses deux pattes une hache d'armée d'argent.

Jean Brisson, curé de Préaux.

(Elect. de Mortagne, p. 1,056. — Arm. col., p. 849.)

D'azur à trois fasces ondées d'or.

Gilles Brisson, greffier en l'élection de Mortagne.

(Elect. de Mortagne, p. 1,238. — Arm. col., p. 1,004.)

DE BROSSARD

D'hermines à trois chevrons de gueules.

Jean-Jacques de Brossard, éc^r^, s^r^ de Fremont.

(Elect. de Mortagne, p. 519. — Arm. col., p. 901.)

BROSSIER

D'azur à deux étoiles d'or en chef et un croissant de même en pointe.

Jean-Ferdinand Brossier, cons[r] du roi, prés[t] et lieut[t] gén[al] au baillage du Perche à Bellême.

(Elect. de Mortagne, p. 275.)

DES BROUDIÈRES

D'argent à une hache de gueules surmontée d'une étoile de même.

N..... des Broudières, représenté par Antoinette de Surmont, sa femme.

(Elect. de Mortagne, p. 1,024. — Arm. col., p. 815.)

DE BROUILLARD

D'argent à un chevron d'azur.

Anne de Brouillard de la Mingret, fille.

(Elec. de Mortagne, p. 1,014 — Arm. col., p. 1,103.)

Le nom de cette famille est écrit : Broulhard, Brouillard et plus ordinairement Brouilhac.

Elle était fille et héritière de Louis de Broulhart ou Brouilhac, éc[r], sg[r] de la Mingre et de Louise du Fay.

Ces armes ont dû être imposées car les armes de la famille de Brouilhac sg[r] de Mingre sont : *losangé d'argent et de gueules, coupé du premier à cinq mouchetures d'hermines 2, 1, 2.*

Il existait cependant une famille Brouillard en Bretagne portant les armes indiquées.

BRUNEL-BONNEVAL

D'argent à trois têtes de loup de sable lampassées d'argent 2 et 1.

Joseph Brunel-Bonneval, curé de Condeau.

(Elect. de Mortagne, p. 1,018. — Arm. col., p. 809.)

BRUNET

D'argent à un levron de sable rampant accolé d'argent.

Pierre Brunet, prêtre.

(Elect. de Mortagne, p. 1,062. — Arm. col., p. 856.)

BRUSLAY-DESJOUIS

D'azur à une fasce d'argent accompagnée en chef d'une étoile d'or et en pointe d'un lion passant de même.

François Bruslay-Desjouis (1) éc^r, gentilhomme de la Chambre de Monsieur, en survivance.
(Elect. de Mortagne, p. 282. — Arm. col., p. 59.)

DE BRUSLÉ

De gueules à une croix ancrée d'or.

Jean-Pierre de Bruslé, éc^r, s^r de Longchamps.
(Elect. de Mortagne, p. 1,249. — Arm. col., p. 1,009.)

DU BUAT

Ecartelé aux 1 et 4 d'azur à une raie d'escarboucle, pommetée d'or et fleur de lysée d'argent posée en croix et en sautoir ; aux 2 et 3 d'azur à trois bandes d'or.

Nicolas du Buat, éc^r, sg^r de Bazoches.
(Elect. de Mortagne, p. 261 et 1,001. — Arm. col., p. 219 et 789.)

Jacques du Buat, prêtre curé de Bazoches éc^r, s^r du Migergon (2).
(Elect. de Mortagne, 430.)

Pierre du Buat, éc^r, sg^r de Bazoches.
(Elect. de Mortagne, p. 265. — Arm., col., p. 119.)

Jacques du Buat, écuyer.
(Elect. de Mortagne, p. 661. — Arm. col., p. 420.)

Pierre du Buat, éc^r.
Voir : *Le Ledier (Madeleine).*

Pierre du Buat, éc^r, s^r de Boisligny.
Arm. col. p. 147.

Louis-François du Buat, éc^r.
Arm. col., p. 290.

N..... du Buat, femme de Jean de la Haye, éc^r, s^r de Martinville.
Arm. col., p. 326. (3)

(1) Sieur de Blaru. Il épousa Angélique-Claude Mounerat. *(Minutes de Me Heudeline, not. à Mortagne).*

(2) Et de la Gandelèvre, demeurant au dit lieu, paroisse de Bazoches. *(Minutes de Me Heudeline, not. à Mortagne.)*

(3) L'arm. col. donne : *de gueules à huit losanges d'argent posés 3, 3 et 2* qui sont : *de la Haye.*

DE BULLION

Ecartelé aux 1 et 4 d'azur à trois fasces ondées d'argent à un lion d'or issant des ondes ; aux 2 et 3 d'argent à une bande de gueules accostée de six coquilles de même rangées en orle.

Claude-Louis de Bullion, chr, mis d'Atilly.
(Elect. de Mortagne, p. 284.)

BUQUET

De gueules à trois tours d'argent, deux et une.

Augustin Buquet, curé de la Perrière.
(Elect. de Mortagne, p. 1,015. — Arm. col., p. 805.)

CARRÉ

D'argent à une croix de gueules cantonnée de quatre tourteaux de même.

Jacques Carré, curé de Viday.
(Elect. de Mortagne, p. 1,047. — Arm. col., p. 840.)

DE CASTELNAU

D'azur à une licorne d'argent.

[Marie de Castelnau] femme de Philbert, marquis de Turin
(Elect. de Mortagne, p. 1,057.)

DE CATEY

D'azur à six noix d'arbalète d'argent 3, 2 et 1.

Gatian de Catey, écr, sr du lieu.
(Elect. de Mortagne, p. 274. — Arm. col., p. 115.)

Urbain de Catey, écr, sr de la Maignerie.
(Arm. col. p. 160.)

Antoine de Catey, écr, sr de la Brière.
(Arm. col., p. 164.)

Jacques de Catey, écr, sr des Fresnes.
(Arm. col., p. 212.)

CATINAT

D'argent à une croix de sable chargée de neuf coquilles d'or.

Alexandre Catinat, consr du Roi et contrôleur extraordinaire des Guerres.
(Elect. de Mortagne, p. 288. — Arm. col., p. 431.)

Gilles Catinat, s[r] de la Houlbaudière, cons[r] du Roi en l'Élection de Mortagne (1).

(Elect. de Mortagne, p. 998. – Arm. col., p. 787.)

CERVELET

De sable à une aigle d'argent.

Joachim Cervelet, greffier de l'Ecritoire.

(Elect. de Mortagne, p. 1,007. – Arm. col., p. 796.)

CESBERT

D'or à un lion de sable tenant en sa patte dextre une massue de gueules.

Michel Cesbert, greffier de la maréchaussée du Perche.

(Elect. de Mortagne, p. 1,011. — Arm. col., p. 800.)

CHABOT

D'or à trois chabots de gueules 2 et 1.

Antoine Chabot, éc[r],

(Elect. de Mortagne, p. 1,060. — Arm. col., p. 855.)

CHAILLOU

D'azur à un croissant d'argent accompagné de trois besants de même, deux en chef et un en pointe.

Julien Chaillou, greffier de Nogent-le-Rotrou.

(Elect. de Mortagne, p. 1,034. – Arm. col., p. 826.)

Julien Chaillou (le jeune), marchand.

(Elect. de Mortagne, p. 1,042. – Arm. col., p. 835.)

D'*argent à une aigle de sable.*

Joseph Chaillou, greffier aux Eaux et Forêts de Bellême.

(Elect. de Mortagne, p. 1,232. – Arm. col., p. 999.)

CHAISE

(prieuré de la)

D'azur à une Notre-Dame d'argent assise dans une chaise à l'antique, d'or.

(Elect. de Mortagne, p. 1,242. – Arm. col., p. 1,007.)

(1) Inhumé le 24 janvier 1704 en l'église Notre-Dame de Mortagne.

DE CHAMBOY

D'argent à trois arbres de sinople sur une terrasse de même.

Pierre-Philippe de Chamboy, éc^{r}.

(Elect. de Mortagne, p. 1,057. — Arm. col., p. 851.)

CHAMBOY

D'azur à trois pals ondés d'argent.

Damien Chamboy (1), chirurgien à [Mortagne].

(Elec. de Mortagne, p. 1,009. — Arm. col., p. 798.)

CHAMPION

D'argent à trois écussons d'argent chargés chacun de trois boules de gueules et posées deux et une.

Marie Champion, veuve de François Menard, éc^{r}, s^{r} de la Barre.

(Elect. de Mortagne, p. 1,036.)

DE CHANDEBOIS

De gueules à deux mains d'épervier d'or en fusce, et un demi-vol d'or en pointe, au chef d'azur chargé de trois croissants d'argent.

André de Chandebois, éc^{r}, s^{r} de la Haye.

(Elect. de Mortagne, p. 263. — Arm. col., p. 118.)

Voir : *Inconnus* n° 8.

N... de Chandebois, femme de Nicolas le Sec, éc^{r}, s^{r} de Bernières.

(Arm. col. p. 18.)

De sinople à un arbre d'or accosté de deux tourterelles affrontées d'argent.

Françoise de Chandebois, veuve de Charles-François d'Escorches.

(Elect. de Mortagne, p. 1,013. — Arm. col., p. 44 et 803.)

Voir : *Escorches (Charles-François d').*

D'argent au sautoir de sinople.

[Geneviève de Chandebois], femme de Gilles Bercher, éc^{r}, s^{r} de Montchevreul.

(Elect. de Mortagne, p. 1,019. — Arm. col., p. 810.)

(1) Fils de Nicolas Chamboy, chirurgien et de Anne Olivier (?). *(Minutes de Me Heudeline, notaire à Mortagne.)*

D'azur chargé de trois croissants d'argent, au chef de gueules chargé de deux mains d'épervier d'or, l'une à dextre l'autre à senestre et au centre d'un demi vol de même.

Denis de Chandebois, éc[r], s[r] de la Haye,
(Arm. col., p. 230.)

Charles de Chandebois, éc[r], s[r] de Courpotin.
(Arm. col., p. 230.)

De gueules à un chevron d'argent, accompagné en chef de deux molettes d'or et en pointe d'un demi vol de même.

Robert de Chandebois, éc[r], s[r] de Falandre, Gentilhomme-Servant de feu Madame la Duchesse d'Orléans (1).
(Elect. de Mortagne, p. 260. — Arm. col., p. 117.)

Chapelain

D'azur à un pal d'or accosté de deux chandeliers d'église d'argent.

Michel Chapelain, curé de Bretoncelles.
(Elect. de Mortagne, p. 1,047. — Arm. col., p. 839.)

Chapelier

D'azur échapé d'or à trois quinte-feuilles, deux en chef, une en pointe de l'un en l'autre.

Charles Chapelier, médecin et échevin à Mortagne.
(Elect. de Mortagne, p. 1,022. — Arm. col., p. 812.)

Charon

D'azur à un chevron d'or accompagné en chef de deux étoiles d'or et en pointe d'une roue de même.

Urbain Charon, curé de Coutretot.
(Elect. de Mortagne, p. 1,019. — Arm. col., p. 809.)

Charpentier

D'azur à un chevron d'or accompagné de trois haches d'argent emmanchées d'or, deux en chef et une en pointe.

Charles Charpentier (2).
(Elect. de Mortagne, p. 1,011. — Arm. col., p. 801.)

(1) V. *Hist. rel. de Mortagne*, p. 45.) — Il épousa Louise Duchastel.
(2) Sr de la Morlière.

Nicolas Charpentier (1), élu de Mortagne.

(Elect. de Mortagne, p. 1,017. — Arm. col., p. 807.)

Louis Charpentier, curé de Saint-Hilaire-de-Nogent-le-Rotrou.

(Elect. de Mortagne, p. 1,053. — Arm. col., p. 847.)

DE CHARPY

D'or à une aigle de sable.

Charlotte de Charpy, veuve de Abel Huet, procr du Roi à Châteauneuf.

(Elect. de Mortagne, p. 1,002. — Arm. col., p. 791.)

CHARTIER

D'argent à une fasce d'azur, accompagnée de trois roues de gueules.

François Chartier, prêtre.

(Elect. de Mortagne, p. 1,010. — Arm. col., p. 799.)

De gueules à deux lions affrontés d'or.

Nicolas Chartier, consr du Roi, commissaire aux saisies réelles de Bellême.

(Elect. de Mortagne, p. 1,245. — Arm. col., p. 1,014.)

CHARTRAIN

D'or à une aigle de sable.

Hugues Chartrain (2), commis propriétaire en partie du greffe de l'Élection de Mortagne.

(Elect. de Mortagne, p. 999. — Arm. col., p. 788.)

Christophle Chartrain, curé de Réveillon.

(Elect. de Mortagne, p. 1,005. — Arm. col., p. 794.)

De gueules à trois besans d'or posés en barre.

N..... Chartrain, veuve de N..... des Feugerets, écuyer.

(Elect. de Mortagne, p. 1,250. — Arm. col., p. 1,010.)

De sinople à un pal d'or.

N..... Chartrain, veuve de François des Feugerets, écr, sr des Touches.

(Elect. de Mortagne, p. 1,255. — Arm. col., p. 1,018.)

(1) Sr de la Garenne; possédant la terre de Préfontaine. (*Minutes de Me Heudeline, not. à Mortagne.*)

(2) Sr de la Teillasse (*Minutes de Me Heudeline, not. à Mortagne.*)

DU CHASTEL

De gueules à un chateau d'or.

Nicolas du Chastel, s^r^ de la Motte, officier huissier du bureau de Monsieur, frère unique du roi.
(Elect. de Mortagne, p. 997.)

CHASTEL

D'or à trois merlettes de sable.

Pierre Chastel, procureur au siège de Longny.
(Elect. de Mortagne, p. 1,246. — Arm. col., p. 1,015).

DE CHATEAUTHIERRY

De gueules à un épervier d'argent perché sur un écot péry en bande et feuillé d'une feuille de même.

Jacques-Alexandre de Chateauthierry, éc^r^.
(Elect. de Mortagne, p. 264. — Arm., col., p. 19.)

Hiérôme-Joseph de Chateauthierry, éc^r^, s^r^ de Saint-Léger.
(Arm. col., p. 173.)

Mansuet-Ignace de Chateauthierry, éc^r^, s^r^ du Breuil.
Arm. col., p. 231.

Hiacinthe de Chateauthierry, éc^r^ s^r^ des Loges.
(Arm. col., p. 231.)

François-Irmé de Chateauthierry, éc^r^, archidiacre du Houlme en l'église cathédrale de Sées.
(Arm. col., p. 269.)

Augustin-Ambroise de Chateauthierry, éc^r^, s^r^ de la Motte, cons^r^ du roi, lieut^t^ criminel au siège d'Essey.
(Arm. col., p. 347.)

CHAUMONT

D'argent à un mont de sinople sommé d'un feu de gueules.

Noël Chaumont, curé de Prépotin.
(Elect. de Mortagne, p. 1,030. — Arm. col., p. 821.

CHAUVIN

D'azur à trois grappes de raisin d'or, deux et une, surmontées en chef d'un soleil de même.

Pierre Chauvin, éc^r^, l'un des Anciens Gardes de Monsieur frère unique du roi.
(Elect. de Mortagne, p. 998.)

De gueules à trois raisins d'argent 2 et 1 surmontés en chef d'un soleil d'or.

Claude Chauvin, prêtre (1).

(Elect. de Mortagne, p. 1,018. — Arm. col., p. 808.)

D'argent à trois grappes de raisin de sable, 2 et 1, surmontées d'un soleil de même.

François Chauvin, curé de Saint-Denis-sur-Huisne.

(Elect. de Mortagne, p. 1,023. — Arm. col., p. 814.)

DE CHEFSAILLES

De gueules à un chevron d'or accompagné de trois étoiles de même, au chef d'or.

Catherine de Chefsailles (2), femme de Joachim de Fontenay, éc^{r}, s^{r} de Boudru.

(Elect. de Mortagne, p. 516. — Arm. col., p. 900.)

CHÊNEGALON (prieuré de)

D'azur à la figure de la Sainte Vierge tenant le petit Jésus d'argent.

Le prieuré conventuel de Notre-Dame de Chênegalon.

(Elect. de Mortagne, p. 277.) (3)

Voir l'art : *Pierrefitte.*

CHESNEL

D'or à un chêne de sinople englanté d'or.

Jean Chesnel, curé de Saint-Aubin des Grouas.

(Elect. de Mortagne, p. 1,054. — Arm. col., p. 848.)

(1) Chapelain titulaire de la chapelle Saint Blaise de Pruslay. (*Minutes de Me Heudeline, not. à Mortagne.*)

(2) V. *Arch. de l'Orne*, H. 2497. Le nom de cette ancienne famille percheronne s'écrit plus souvent : Chévessailles.

(3) Ce prieuré situé dans la paroisse d'Eperrais, près Mortagne, fut fondé vers le milieu du XIIe siècle, et dépendait de l'abbaye de Grandmont.

Une charte de Rotrou III, datée de 1112, est le premier document connu sur ce prieuré.

Les religieux du prieuré comme ceux dépendant de l'ordre de Grandmont, prenaient le nom de : *Bonshommes*, et portaient un vêtement en bure grossière noire.

A la fin du XVIIe siècle le revenu était évalué à 4,000 livres.

Chênegalon fut supprimé dès 1783 et son patrimoine attribué au Séminaire de Séez en faveur des prêtres infirmes.

DE LA CHEVALERIE

N..... de la Chevalerie. Voir : *Inconnus*, n° 19.

CHEVALIER

D'azur à trois croix pattées d'argent.

Alexandre Chevalier, curé de Corbon.
(Elect. de Mortagne, p. 1,036. — Arm. col., p. 828.)

D'azur à trois oiseaux appelés chevaliers, d'argent.

Catherine Chevalier, fille.
(Elect. de Mortagne, p. 1,041. — Arm. col., p. 1,104.)

Marie Chevalier, veuve de Louis David, avocat.
(Elect. de Mortagne, p. 1,048. — Arm. col., p. 841.)

D'argent à un chevron de sinople.

Pierre Chevalier, avocat à Bellême.
(Elect. de Mortagne, p. 1,232. — Arm. col., p. 999.)

CHEVALLIER

D'azur à un chevron d'or accompagné de trois griffons de même.

Nicolas Chevallier, Greffier des Rolles.
(Elect. de Mortagne, p. 1,019. — Arm. col., p. 810.)

De gueules à une licorne saillante d'argent.

Paul Chevallier, avocat.
(Elect. de Mortagne, p. 1,057. — Arm. col., p. 851.)

CHOISEAU

D'azur à trois croissants d'or.

Nicolas Choiseau, notaire à Tourouvre.
(Elect. de Mortagne, p. 1,038. — Arm. col., p. 830.)

CHOLLET

D'argent à une croix de gueules cantonnée de quatre clefs de même.

Louis Chollet, curé de la Chapelle-Souëf.
(Elect. de Mortagne, p. 1,056. — Arm. col., p. 850.)

Paul Chollet, curé de Gémages.
(Elect. de Mortagne, p. 1,056. — Arm. col., p. 850.)

CHOUET

D'or à une rose de gueules.

Jean Chouet, prêtre, prévôt des chanoines de l'église de Toussaint de Mortagne.

(Elect. de Mortagne, p. 1,015. — Arm. col., p. 805.)

CHRESTIEN (1)

Gironné de gueules et d'argent de huit pièces, et un écusson en abîme d'argent chargé d'une croix ancrée de gueules.

Charles-Jacques Chrestien (2), éc[r], Cap[ne] des Chasses de la province du Perche et Maître des Eaux et Forêts de Mortagne.

(Elect. de Mortagne, p. 272. — Arm. col, p. 439.)

Henry Chrestien, éc[r], s[r] de Saint-Vincent.

Voir : *Moustiers (Marguerite de).*

D'argent à une croix de sinople cantonnée en chef de deux étoiles de gueules et en pointe de deux trèfles de même.

Anne Chrestien, v[e] de Jacques de Guéroult, éc[r] s[r] de la Ferrière.

(Elect. de Mortagne, p. 270. — Arm. col., p. 43.)

LE CIRIER

D'argent à cinq mouchetures d'hermines de sable trois en chef et deux en pointe.

Henri-Emmanuel Le Cirier (3), ch[r], sg[r] de Boisguinant.

(Elect. de Mortagne, p. 267.)

Catherine le Cirier (4), ép. de Louis du Crochet, éc[r], s[r] de Mauray.

(Elect. de Mortagne, p. 519. — Arm. col., p. 901.)

DE CISSAY

D'azur à trois bandes d'argent et une étoile d'or, au côté senestre du chef.

Charles de Cissay (5), éc[r].

(Elect. de Mortagne, p. 280.)

Voir : *Inconnus* n° 21,

(1) Famille anoblie en 1664. *(Annuaire de l'Orne* pour 1867, p. 64).

(2) Il épousa Marie-Marguerite Forcadel (*Minutes de Me Heudeline, not. à Mortagne.*)

(3) V. *Arch. de l'Orne*, H. 2538 et H. 2550.

(4) Elle était sœur d'Henri-Emmanuel ci-dessus.

(5) Fils de Martin de Cissay et de Charlotte des Aubus, résidant à la Courtinière, p[sse] du Pin. Il fut baptisé le 27 avril 1646, parrain : M. René du Grenier, marraine : Charlotte du Cordier (*B. N. Cab. d'Hoz.* 95.)

Louis de Cissay (1), éc^{r}, s^{r} de la Courtinière.
(Elect. de Mortagne, p. 283. — Arm. col., p. 110.)

CLAIRETS (abbaye des)

D'argent à deux chevrons de gueules.
(Elect. de Mortagne, p. 657. — Arm. col., p. 414.)

LE CLERC

De sable à une barre d'argent accompagnée de six croissants de même, trois en chef posés 2 et 1 et trois au canton senestre de la pointe, posés en pal, et un brin de fougère de sinople posé à la pointe de l'écu.

Philippe Le Clerc, prêtre, curé de la Chapelle-Montligeon.
(Elect. de Mortagne, p. 288. — Arm, col., p 98.)

D'argent à une bande engrelée d'azur, chargée d'un soleil d'or.

Jacques-Antoine Le Clerc, huissier des Chambellans et du bureau de la Maison du roi.
(Elect. de Mortagne, p. 997.)

Voir : *Inconnus*, n° 6 et 7.

DE CLERVILLE

D'or à un soleil de gueules accompagné de trois trèfles de sinople, deux en chef et un en pointe.

Georges de Clerville, curé de Saint-Langis (2).
(Elect. de Mortagne, p. 1,032. — Arm. col., p. 824.)

CLESTEIN

D'or à une croix alésée et pommetée d'azur.

Jacques Clestein, éc^{r}, s^{r} de la Giraudière.
(Elect. de Mortagne, p. 1,060. — Arm. col., p. 854.)

Voir : *Inconnus n° 29.*

(1) Baptisé le 22 mars 1649, parrain : M. René du Grenier, marraine : dame de la Roche. Frère du précédent. Il fut accordé le 23 sept. 1674 avec d^{lle} Catherine de Basson, fille de Pierre de Basson et de Madeleine de Blancy et veuve de Michel du Homel, s^{r} de Préfontaine (*B. N. Cab. d'Hoz.* 189. Les de Basson portaient : d'azur à un chevron d'argent, accompagné de trois couleuvres d'or, les deux du chef affrontées et posées en pal et celle en pointe posée en fasce. (*B. N. Cab. d'Hoz.* 95.)

(2) Pourvu de la cure le 15 juin 1688, succédant à Jean Macé, prieur de Chartrage. Etait chanoine régulier de Chartrage. Il resta curé de Saint-Langis jusqu'en 1735. (*Communication de M. J. Besnard.*)

Clouet

D'argent à un trelis de sable cloué d'or.

Jean Clouet, bailli de Céaucé.

(Elect. de Mortagne, p. 1,047. — Arm. col., p. 839.)

Cloussier

D'or à un nom de Jésus d'azur soutenu d'un cœur de gueules enflammé de même.

Pierre Cloussier, prêtre (1).

(Elect. de Mortagne, p. 1,010.)

le Cointre

D'azur au pal d'argent chargé d'un lion de gueules et accompagné en chef de deux roses d'argent et en pointe de deux épées d'or, leurs pointes en bas, à un chevron d'or brochant sur le pal.

Jean-Baptiste le Cointre, éc[r], s[r] du Tertre, conseiller du Roi, receveur en titre au Grenier à sel de Nogent-le-Rotrou.

(Elect. de Mortagne, p. 280.)

Voir : *Bordel (Marguerite)* (2).

Collet

D'azur à une montagne à six coupeaux d'or, accostée de deux étoiles de même.

Jacques Collet, curé de Loisail.

(Elect. de Mortagne, p. 1,017. — Arm. col., p. 808).

De gueules à un rocher d'argent.

Mathurin Collet, greffier au baillage de Mortagne.

(Elect. de Mortagne, p. 1,256. — Arm. col., p. 1,019.)

François Collet.

Voir : *Véron (Françoise).*

de Collet

D'azur à trois fasces d'argent.

Pierre de Collet (3), éc[r], s[r] de la Davillière.

(Elect. de Mortagne, p. 283.)

(1) Chapelain de l'église de Toussaint.

(2) Il était fils de Robert Le Cointre, éc[r], cons[r] du Roi, et de Marguerite Léger et ép. Marguerite Bordel, le 19 oct, 1681, à N.-D. de Nogent.

(3) Il avait ép. Jeanne Leau.

Casimir de Collet (1), éc[r], s[r] de la Touche.
(Elect. de Mortagne, p. 288.)

DU COLLET

D'azur à une tour d'argent accompagnée en chef de deux têtes de lion arrachées d'or lampassées de gueules.

Urbain du Collet, éc[r], curé de N.-D. de Nogent-le-Rotrou.
(Elect. de Mortagne, p. 1,035. — Arm. col., p. 827.)

LE COMTE [ou mieux : LE CONTE]

D'azur au chevron d'argent accompagné en pointe de trois besans d'or mal ordonnés (2).

Françoise Le Comte, veuve de Jacques du Grenier, s[r] de Boiscorde.
(Elect. de Mortagne, p. 999.)

Madeleine Le Comte, veuve de Jean [de] Guéroult, éc[r], s[r] de la Gohière.
(Elect. de Mortagne, p. 1,041. — Arm. col., p. 834.)

François Le Comte, éc[r], s[r] de Boiscorde.
Voir : *Inconnus*, n° 9.

LE COMTE

De sable à sept merlettes d'argent 4 et 3.

Pierre Le Comte Biardière, greffier des rôles de Bellême.
(Elect. de Mortagne, p. 1,227. — Arm. col., p. 995.)

Michel Le Comte Mehery, greffier des rôles de Bellême.
(Elect. de Mortagne, p. 1,227. — Arm. col., p. 995.)

D'argent à un corbeau de sable.

Michel Le Comte, s[r] de la Pommeraye.
(Elect. de Mortagne, p. 1,234. — Arm. col., p. 1,000.)

(1) Il était fils de Louis de Collet, s[r] de la Touche et de Françoise Veron et ép., par contrat du 21 sept. 1700, Marguerite Tillette du Mesnil. Pierre de Collet, s[r] de la Davillière, Charles de Collet, s[r] du Cormier-Davillière, Casimir de Collet, s[r] de la Touche, à Saint-Hilaire-sur-Erre, Élection de Mortagne, furent maintenus le 16 avril 1666. *(Ann. de l'Orne pour 1867, p. 64.)* Magny (1, p. 47) mentionne deux autres familles (habitant l'une l'Élection de Montivilliers, l'autre celles de Falaise et de Pont-l'Évêque), maintenues à la même époque.

(2) Ces armes sont celles des *le Conte*, comtes de Nonant, marquis de Raray et de Pierrecourt venus, dit-on, au XIIIe siècle de Navarre en Normandie et dans le Perche où ils possédèrent entre autres la terre de Bretoncelles ; le marquis du Prat, fils d'une le Conte de Nonant a légué à la bibliothèque de Versailles d'intéressantes généalogies ms. de cette famille.

D'azur à trois chevrons d'argent.

Richard Le Comte, commis à la recette des consignations de Bellême.

(Elect. de Mortagne. p. 1,248. — Arm. col., p. 1,016.)

LE COQ

D'argent à un coq de gueules armé et crèté d'or.

Jean Le Coq, huissier audiencier au Grenier à Sel, à Bellême.
(Elect. de Mortagne, p. 1,246. — Arm. col., p. 1,015.)

COULIMER (charité de)

D'or à un cœur enflammé de gueules.

(Elect. de Mortagne, p. 1,258. — Arm. col. p. 1,111.)

COURCERAULT (prieuré de)

D'argent à deux fasces de gueules accompagnées de trois merlettes de gueules, deux en chef, une en pointe.

(Elect. de Mortagne, p. 1,048. — Arm. col. p. 841.)

COURGEOUST (Communauté des frères de la Charité de)

De gueules à une fasce d'or chargée d'un arc d'azur.

(Elect. de Mortagne, p. 1,286. — Arm. col., p. 1,039.)

LE COURT

D'azur, à une aigle à deux têtes d'or.

Jacques Le Court, procureur du Roi des Eaux et Forêts de Mortagne (1).

(Elect. de Mortagne, p. 1,014. — Arm. col., p. 804.)

Echiqueté d'or et d'azur.

Nicolas Le Court, avocat à Bellême.
(Elect. de Mortagne, p. 1,244. — Arm. col., p. 1,013.)

COURTERAYE (prieuré de Saint-Jean de)

De gueules à un Saint-Jean Baptiste d'argent avec son agneau de même.

(Elect. de Mortagne, p. 1,053. — Arm. col., p. 847.)

(1) Il était sieur de Mondion en Bazoches.

COURTIN (1)

D'azur à trois croissants d'argent.

Gabriel Courtin, s[r] de la Rosandière, valet de Garde-Robe de feue S. A. R. Mademoiselle.

(Elect. de Mortagne, p. 284.)

François Courtin, maréchal des logis de feu S. A. R. M. le duc d'Orléans, oncle du Roi, représenté par Marie du Mousset, sa veuve.

(Elect. de Mortagne, p. 285.

François-Gabriel Courtin, chapelain de la seconde portion fondée en l'église Saint-Jean de Nogent-le-Rotrou.

Et N..... Courtin, chanoine de Saint-Jean de Nogent-le-Rotrou.

(Elect. de Mortagne, p. 285. — Arm. col., p. 272.)

Denis Courtin, prêtre.

(Elect. de Mortagne, p. 1,039. — Arm. col., p. 831.)

De gueules à trois croissants d'argent. 2 et 1.

Marie Courtin, fille.

(Elect. de Mortagne, p. 1,039. — Arm. col., p. 1,104.)

Regnault Courtin, bailli de Nogent-le-Rotrou.

(Elect. de Mortagne, p. 1,043. — Arm. col., p. 836.)

Jean Courtin, procureur fiscal de Nogent-le-Rotrou.

(Elect. de Mortagne, p. 1,044. — Arm. col., p. 836.)

D'argent à une rose de gueules.

Marguerite Courtin, fille.

(Elect. de Mortagne, p. 1,227. — Arm. col., p. 1,108.)

D'or à un chevron de sinople.

René Courtin, bailly de Ceton.

(Elect. de Mortagne, p. 1,252. — Arm. col., p. 1,012.)

François-Bonaventure Courtin, greffier en l'Election.

Voir : *Foussard (Gabrielle).*

DE COURTOUX

D'argent à une fasce dentelée de sable remplie d'or et accompagnée de trois roses de gueules, 2 en chef et 1 en pointe.

(1) Voir l'*Histoire généalogique des Courtin*, par le vicomte O. de Poli, présid[t] du Conseil Héraldique de France, Paris, 1887. Gr. in-4° de 748 p. avec planches.

Louis-Michel de Courtoux (1), [éc^r] s^gr de Brées.

(Elect. de Mortagne, p. 274. — Arm. col., p. 115.)

CRESTOT

D'azur à un chevron d'or accompagné en chef de deux étoiles, et en pointe d'un lion surmonté d'une autre étoile, le tout d'or.

Ursin Crestot, s^r de Vaugelet, représenté par sa veuve, Marguerite Aubin.

(Elect. de Mortagne, p. 289.)

D'or à un chevron d'argent accompagné en chef de trois étoiles de même, et en pointe d'un lion aussi d'argent lampassé de gueules.

Pierre-Jean Crestot, prêtre éc^r, trésorier de l'église collégiale de Toussaint de Mortagne (2).

(Elect. de Mortagne, p. 658. — Arm. col., p. 418.)

DU CROCHET (3)

D'argent à trois fasces de sable.

Pierre-Antoine du Crochet, éc^r, s^gr de Maison-Maugis, lieutenant de Messieurs les Maréchaux de France au baillage du Perche et Bellême (4).

(Elect. de Mortagne, p. 262. — Arm. col., p. 437.)

Voir : *Lamy (Elisabeth de).*

(1) Famille ancienne et bien alliée de la province du Maine où elle posséda entre autres le marquisat de la Chartre-sur-Loir. Charlotte-Madeleine de Courtoux porta la terre de Brées (en Igé) à Charles-François de Perrochel, ch^r s^gr de Morainville et de Grandchamp, son mari, dont elle était veuve en 1731.

(2) Dans plusieurs actes de cette époque le trésorier de Toussaint est toujours désigné sous le nom d'Ursin Crestot. *(Minutes de Me Heudeline, notaire à Mortagne.)*

(3) Famille originaire des limites du Perche et du Maine où elle posséda longtemps la terre de la Prooterie, en Avezé, et dont la filiation suivie remonte à Thibaut Crochet, ch^r, banneret de la Ferté-Bernard en 1207.

(4) Il était fils de François du Crochet, éc^r, s^gr de Maison-Maugis et de Renée de Vallée et épousa Elisabeth de Lamy. Il mourut sans enfants et sa veuve se remaria à Pierre Auzeré comte de Durcet, m^al g^al des logis de la Cavalerie française.

René-Louis du Crochet, éc^r^, s^r^ de Mauray (1).
(Elect. de Mortagne, p. 260. — Arm. col., p. 117.)
Voir : *Le Cirier (Catherine)* (2).

Daigneau

D'azur à un chevron d'or accompagné en pointe d'un agneau d'argent.

Jean Daigneau, marchand.
(Elect. de Mortagne, p. 1,040. — Arm. col., p. 832.)

de la Croix

D'azur à une croix ancrée d'or.

Jacques de La Croix, curé de Dorceau.
(Elect. de Mortagne, p. 1,058. — Arm. col., p. 853.)

Damemarie (prieuré de)

D'azur à une Notre-Dame d'argent.

(Elect. de Mortagne, p. 1,240. — Arm. col., p. 1,006.)

Danse

D'argent à une fasce de gueules accompagnée en chef de trois roses de même.

Louis Danse, éc^r^, s^r^ de Gallardon.
(Elect. de Mortagne, p. 290. — Arm. col., p. 112.)
Voir : *Inconnus, n° 33.*

Dauphin

De sable à un dauphin d'argent couronné de même.

René Dauphin, prêtre curé de Souancé au Perche.
(Elect. de Mortagne, p. 286.)

(1) Ce René-Louis, frère cadet du précédent, fut après lui s^gr^ de Maison-Maugis et lieutenant des maréchaux de France pour la province du Perche à Bellême. Il épousa : 1° Louise de Glapion, sœur d'Augustin de G. (dont une fille Louise-Françoise-Elisabeth était mariée en 1709 à Fr. Joseph d'Avoine, ch^r^, comte de la Jaille Gastine, baron de Fougeré en Anjou), 2° Catherine le Cirier, morte en 1730. Il mourut en 1709 et sa sœur Barbe porta la seigneurie de Maison-Maugis à François de Fontenay s^gr^ de Soizay et de Vezot son mari.

(2) A l'article ci-dessus de Catherine le Cirier, il est simplement nommé *Louis*, qui était probablement son prénom usuel, car il n'y a jamais eu de Louis du Crochet autre que lui, et c'est bien René-Louis du C. qui épousa Catherine le Cirier.

DAVID

D'argent à un arbre de sinople sur une terrasse de même accosté de deux harpies de gueules.

Jean-Odit David, avocat à Nogent-le-Rotrou.
Louis David.
(Elect. de Mortagne, p. 1,046. — Arm. col., p. 839.)
Voir : *Chevalier (Marie).*

DAZIE (1)

D'argent à deux lions de sable passants, l'un sur l'autre.

Charles Dazie, éc[r], s[gr] de la Ferrière,
(Elect. de Mortagne, p. 520. — Arm. col., p. 901.)

DUCŒURJOLLY

De gueules à un cœur d'or accosté de deux lys de jardin au naturel.

René Ducœurjolly, marchand.
(Elect. de Mortagne, p. 1,840.)

DENIS

D'argent à un lion de gueules armé et lampassé de sinople.

Jean Denis, chapelain du prieuré de Moutiers.
(Elect. de Mortagne, p. 1,241. — Arm. col., p. 1,007.)

DESARAUDE

D'or à trois bandes de gueules.

Jean Desaraude, chirurgien à Mortagne.
(Elect. de Mortagne, p. 1,009. — Arm. col., p. 799.)

(1) Jean d'Arsie, s[r] du Buisson, à Saint-Julien-sur-Sarthe, marquis d'Arsie, s[r] de la Ferrière, à Pervenchères, maintenus. (Recherche de 1666 pub. dans l'Annuaire de l'Orne, pour 1867, p. 65).

Assye. — Ecuyer, s[r] du Buisson, marquis d'Assye, Election de Mortagne, maintenu le 11 août 1666 : *D'argent à deux lions léopardés de sable, lampassés de gueules.* (Magny, nobid de Morm. T. I, p. 13).

(Les éditeurs de ces deux ouvrages ont pris pour un titre le prénom de *Marquis* assez employé à cette époque dans notre région).

DESMOULINS

D'azur à trois fers de moulin d'or deux et un.

François Desmoulins, curé de Saint-Mard-de-Réno.
(Elect. de Mortagne, p. 1,027. — Arm. col., p. 818.)

DROUAIRE

D'or à un chêne de sinople.

Guillaume Drouaire.
(Elect. de Mortagne, p. 1,062. — Arm. col., p. 857.)

DUBOIS

D'argent à trois arbres de sinople rangés sur une terrasse de même.

Claude Dubois, curé de Théval.
(Elect. de Mortagne, p. 1,016. — Arm. col., p. 807.)

DUDOUET

D'argent à un chevron de gueules.

Michel Dudouet, curé de Suré.
(Elect. de Mortagne, p. 1,063. — Arm. col., p. 858.)

DURAND

D'or à une flèche de sable semée d'argent, posée en pal, tortillée d'une couleuvre d'azur languée de gueules.

René-Ursin Durand, s[gr] de Mongraham (1).
(Elect. de Mortagne, p. 430.)

De gueules à une couleuvre d'argent percée d'une flèche d'or posée en pal la tête de la couleuvre en bas (2).

Renée-Françoise-Geneviève Durand, femme de Antoine-Jacques Gouin, s[r] de la Raspilière.
(Elect. de Mortagne, p. 281.)

(1) Laure Durand de Pisieux qui était croyons-nous la dernière de son nom, épousa au milieu de ce siècle le comte d'Alsace, prince d'Hénin-Liétard, auquel elle porta Montgraham et les autres biens de cette famille.

(2) Ces armes sont évidemment une brisure plus ou moins fantaisiste des précédentes.

Duplessis

D'argent à trois chevrons de gueules.

Feu Louis Duplessis, éc^{r}, et N..... Hayot, sa veuve.
(Elect. de Mortagne, p. 1,022.)

Voir : *Hayot (N.....)*

Durreau

De gueules à trois cygnes d'argent.

Jacques Durreau.
(Elect. de Mortagne, p. 1,047.)

Duval

D'azur à un cerf d'or.

Marguerite Duval, fille.
(Elect. de Mortagne, p. 1,060. — Arm. col., p. 1,105.)

d'Equitaine

Coupé d'argent et de gueules, à un griffon aussi coupé de l'un en l'autre.

Edme-Clément d'Equitaine, officier de S. A. S. M. le Prince.
(Elect. de Mortagne, p. 1,243. — Arm. col., p. 1,008.)

d'Escorches (1)

D'argent à une bande d'azur chargée de trois besants d'or.

Charles-François d'Escorches, s^{r} de Moulines, représenté par sa veuve, Françoise de Chandebois.
(Elect. de Mortagne, p. 274 et 1,013.)

Voir : *Chandebois (Françoise de).*

Gilles d'Escorches, éc^{r}, s^{r} de Boutigny.
(Elect. de Mortagne, p. 517. — Arm. col., p. 900.)

Voir : *Blanchouin (Marie de).*

Pierre d'Escorches, éc^{r}, s^{r} du Mesnil-Sainte-Croix.
(Elect. de Mortagne, p. 261. — Arm. col., p. 117.)

(1) Voyez : la Généalogie de la famille d'Escorches publiée dans le présent recueil, par MM. l'abbé Godet et le Vte de Romanet.

D'or à un ours debout de gueules (2).

Pierre d'Escorches, éc[r], s[r] de Mouline, lieut[t] d'infanterie.
(Elect. de Mortagne, p. 1,025. — Arm. col., p. 816.)

D'hermines à un lion d'argent (3).

Marie d'Escorches des Genettes, fille.
(Elect. de Mortagne, p. 1,228. — Arm. col., p. 1,108.) (4)

L'ESCUYER (1)

D'argent à une fasce d'azur chargée de trois coquilles d'or et accompagnée de six merlettes de sable, trois en chef et trois en pointe rangées deux et une.

Marie-Madeleine L'Escuyer, femme de Louis-François de Fouchais, éc[r], s[r] de la Faucherie.
(Elect. de Mortagne, p. 662. — Arm, col,, p 420.)

ESNAULT

De sinople à un navire d'or équipé d'argent.

René Esnault, curé d'Autheuil.
(Elect. de Mortagne, p. 1,017. — Arm. col., p. 807).

(1) et (2) Ces armes sont évidemment de pure fantaisie.

(3) L'armorial de 1696 indique encore plusieurs autres membres de cette famille dans différentes parties de la Normandie :

Pierre d'Escorches, éc[r], s[r] de Nobleval. *(Elect. de Lisieux, p. 612. — Arm. col., p. 362.* — Robert d'Escorches, éc[r], s[r] de Sainte-Croix du Mesnil-Gonfroy. *(Elect. d'Alençon, p. 22.)* Voir : Mallard (Charlotte). — Allain d'Escorches, prestre, curé de Saint-Pierre de la Rivière. *(Elect. d'Alençon, p. 26. — Arm. col., p. 90.)* — Georges d'Escorches, éc[r], s[r] de Vimont. *(Elect. d'Alençon, p. 40. — Arm. col., p. 40.)* — Robert d'Escorches, éc[r], s[r] de Saint-Gervais. *(Elect. d'Alençon, p. 40. — Arm. col., p. 40.)* — Gilles-Antoine d'Escorches, éc[r], s[r] des Genestes. *(Elect. de Verneuil, p. 223.* — Arm. col. *gén. d'Alençon, p, 24.)* — François d'Escorches, éc[r], s[r] du Vivier. *(Elect. de Lisieux, p. 321. — Arm. col., p. 193.)* Guillaume d'Escorches, éc[r], s[r] de Beaufils Sainte-Croix. *(Elect. de Lisieux, p. 324. — Arm. col., p. 52.)* — Marie d'Escorches, veuve de Paul de Brasdefer, éc[r], s[r] du Castillon. *(Elect. d'Argentan, p. 550. — Arm. col. p. 284.)* — Jean d'Escorches. Voir : *Gautier (Jeanne)*. — Angélique d'Escorches, femme de Charles Hardy, éc[r], s[r] du Val. *(Arm. col., p. 344.)*

(4) Cette vieille famille percheronne prouva sa noblesse à partir de Robert l'Escuyer vivant en 1400, pour l'admission à Saint-Cyr de Catherine l'Escuyer en 1692, et s'est éteinte il y a peu d'années dans la famille de la Tullaye.

Esnault

D'argent à un levrier rampant de sable accolé d'argent et bouclé d'or.

Paul Esnault, greffier des rolles.

(Elect. de Mortagne, p. 1,035. — Arm. col., p. 827.)

des Essarts (1)

De gueules à trois croissants d'or.

Antoine des Essarts, éc^r^, s^gr^ des Jouys.

(Elect. de Mortagne, p. 261. — Arm. col., p. 117.)

François des Essarts, éc^r^, s^r^ du Pommier.

(Arm. col., p. 172.)

Antoine des Essarts, éc^r^, s^r^ de la Mussoire.

(Arm. col, p. 196.)

Estuy

De gueules à un sautoir d'argent.

Jean Estuy, curé de Mauves.

(Elect. de Mortagne, p. 1,033. — Arm. col., p. 825.)

D'or à un sautoir de gueules.

Mathieu Estuy, notaire à Saint-Victor de Réno.

(Elect. de Mortagne, p. 1,037. — Arm. col., p. 830.)

le Faucheux

De sinople à deux faulx d'argent emmanchées d'or passées en sautoir.

Jean Le Faucheux, curé de L'Hermitière.

(Elect. de Mortagne, p. 1,059. — Arm. col., p. 854.)

des Faveris (2)

D'azur au chevron d'or accompagné de trois losanges de même, 2 en chef et 1 en pointe.

Jean des Faveris, éc^r^, s^r^ des Hayes.

(Arm. col., p. 33.)

(1) Robert des Essarts, s^r^ du Pommier, à la Gennevraye, fut maintenu en sa noblesse dans l'élection d'Alençon, en 1666 (*Annuaire de l'Orne*, pour 1865, p. 287. Cette famille, remonte d'après Magny (A. II. p. 85), à Pierre des Essards, argentier du roi en 1320, dont le petit-fils Pierre fut Grand-Bouteiller de France.

(2) Plusieurs membres de cette famille qui habitaient l'Election d'Alençon lors de la recherche de 1666, y furent maintenus en leur noblesse par M. de Marle. *(Annuaire de l'Orne pour 1865, p. 289.)*

Jacques-Joseph des Faveris, éc^r^, s^r^ du lieu, représenté par Marie du Mouchet, sa veuve.
(Elect. de Mortagne, p. 268. — Arm. col., p. 43.)

Jean des Faveris, éc^r^.
(Elect. d'Alençon, p. 495. — Arm. col. p. 890.)

Jean des Faveris, éc^r^, s^r^ de la Rabouine.
Voir : *Gravelle (Renée-Madeleine de).*

N..... des Faveris.
Voir : *Mouchet (N..... du).*

Henry des Faveris, éc^r^, s^r^ de la Rozière.
(Arm. col., p. 10.)

Favié

D'or au lion de sable.

Anne de Favié, femme de N..... du Mesnil, éc^r^.
(Elect. de Mortagne, p. 1,037.)

Ferré

De gueules à trois fers de piques d'argent deux et un.

Toussaint Ferré, prêtre.
(Elect. de Mortagne, p. 1,021. — Arm. col., p. 811.)

de Fesques (1)

D'or à un aigle à deux têtes de gueules, becquée et membrée de sable.

Nicolas de Fesques, éc^r^, s^r^ de Montenain.
(Elect. de Mortagne, p. 662. — Arm. col., p. 420.)

Festu

D'azur à une fasce d'or.

Louis Festu, curé de Saint-Victor de Buthon.
(Elect. de Mortagne, p. 1,049. — Arm. col., p. 843.)

des Feugerets

D'argent à trois brins de fougère de gueules.

Roger des Feugerets, prêtre, éc^r^.
(Elect. de Mortagne, p. 269. — Arm. col., p. 367.)

(1) Charles de Fesques, s^r^ de la Gauberdière, à Bellomer (Thimerais), élection de Verneuil, fut maintenu en 1667. (*Annuaire de l'Orne*, pour 1867. p. 74.) Magny (I, 63) lui donne pour armes : *d'or à l'aigle au vol abaissé et éployée de gueules.*

Cette famille avait encore il y a peu d'années des représentants dont l'aîné portait le titre de Mis de la Rochebousseau.

Emery des Feugerets, chr, sgr des Feugerets (1).
(Elect. de Mortagne, p. 279. — Arm. col., p. 285.)

N..... des Feugerets.
Voir : *Chartrain (N.....).*

LE FEVRE

De sinople à trois pommes de pin d'argent, 2 et 1.

Fleurant Le Fevre.
(Elect. de Mortagne, p. 285.)

D'or à un pal de sable chargé de trois croissants d'argent.

Gilles Le Fevre, notaire à Nogent-le-Rotrou.
(Elect. de Mortagne, p. 1,026. — Arm. col. p. 817.)

FLAMAND

D'argent à un lion de sable lampassé et armé de gueules.

Marie Flamand (2), veuve de Jean-Louis Abot, écr.
(Elect. de Mortagne, p. 1,026. — Arm. col., p. 818.)

LE FLAMAND

D'or à un lion de sable.

François-Léonard Le Flamand, chanoine de Saint-Jean de Poix.
(Elect. de Mortagne, p. 1,041. — Arm. col., p. 833.)

DE LA FLÈCHE

D'or à trois flèches de gueules, ferées d'argent, posées en pal et en sautoir, les pointes en haut.

Jean de la Flèche, chanoine de Mortagne.
(Elect. de Mortagne, p. 1,008. — Arm. col., p. 798.)

LE FLEURIEL

D'azur à trois lions au naturel, deux et un.

Nicolas Le Fleuriel, officier de Madame.
(Elect. de Mortagne, p. 1,003. — Arm. col., p. 792.) (3)

(1) Les portraits de ces deux personnages sont encore conservés au château des Feugerets, en la Chapelle-Souëf. La généalogie de cette ancienne famille a été publiée en 1883, par M. le Vte de Broc ; (le Mans, Monnoyer, in-8o avec planches).

(2) Fille de Rodolphe Flamand, sr de la Ballivière, conr du Roi et de Catherine Gouin (*Minutes de Me Heudeline not. à Mortagne.*)

(3) L'armorial colorié donne : *d'argent à trois fleurs de lis de même aux pétales d'or et tigées de sinople,* blason peu héraldique.

Follet

D'argent à un chevron de sable accompagné de trois flammes de gueules.

Gilles Follet procureur de Mortagne.
(Elect. de Mortagne, p. 1,016. — Arm. col., p. 806.)

Fontaine

De sinople à une fontaine d'argent.

Martin Fontaine, curé de Corubert (1).
(Elect. de Mortagne, p. 1,002. — Arm. col. p. 791.)

Nicolas Fontaine, curé de Nocé.
(Elect. de Mortagne, p. 1,005. — Arm. col., p. 794.)

Jacques Fontaine, curé de Saint-Martin des Pézeries.
(Elect. de Mortagne. p. 1,030. — Arm. col., p. 822.)

de Fontaine

D'argent à trois aiglettes de sable.

N..... de Fontaine, chapelain du Grand Fay.
(Arm. col.. p. 853.)

de la Fontaine

De gueules à trois quintefeuilles d'argent.

N..... de la Fontaine, veuve de N..... de Vieillard, éc^{r}, s^{r} des Vaux.
(Elect. de Mortagne, p. 1,253. — Arm. col., p. 1,012.)

de Fontenay

D'argent à deux lions passants l'un sur l'autre de sable couronnés lampassés et armés de gueules.

(Elect. de Mortagne, p. 263.)

Joachim de Fontenay, éc^{r}, s^{r} de la Boudrye.
(Arm. col., p. 118.)

César de Fontenay, éc^{r}, s^{r} de la Guierdière.
(Elect. de Mortagne, p. 289. — Arm. col., p. 112.),

Charles de Fontenay, éc^{r}, sg^{r} de Courboyer (2) vicaire perpétuel de la paroisse de Saint-Martin-du-Vieux-Bellême.
(Elect. de Mortagne, p. 266. — Arm. col., p. 99.)

(1) Mort le 11 mai 1716.
(2) Prieur de Courboyer.

Louis de Fontenay, écr, sgr de la Tarannière.
(Elect. de Mortagne, p. 269. — Arm. col., p. 113.)

Anonime de Fontenay, écr, sgr de la Chatellennie; et Philippe de Fontenay, sgr du Chesnay.
(Elect. de Mortagne, p. 276. — Arm. col., p. 116.)

Gilles de Fontenay.
(Elect. de Mortagne, p. 276. — Arm, col., p. 59.)

Voir : *Inconnus, n° 24.*

Claude de Fontenay, écr, sgr de Soizé.

Voir : *Moulton (Marguerite).*
(Elect. de Mortagne, p. 278. — Arm. col., p. 109.)

Louis de Fontenay, sgr de Serigny (1).
(Elect. de Mortagne, p. 279 et 282. — Arm. col., p. 110.)

Nicolas de Fontenay, écr, sgr de Foremière, représenté par Marie-Madeleine de Bernardin, sa veuve.
(Elect. de Mortagne, p. 283. — Arm. col., p. 42.)

Ester de Fontenay, veuve de François des Jardins, écr, sr de Saint-Val.
(Elect. de Mortagne, p. 290. — Arm. col., p. 41.)

N..... de Fontenay, chapelain du Grand-Fay (2).
(Elect. de Mortagne, p. 1,059.)

Hubert de Fontenay, écr.
(Elect. de Mortagne, p. 1,059. — Arm. col., p. 854.)

Anne de Fontenay, fille.
(Elect. de Mortagne, p. 1,228. — Arm. col., p. 1,108.)

Gabriel de Fontenay de Courboyer.
(Elect. de Mortagne, p. 1,232. — Arm. col., p. 999.)

Philippe de Fontenay. sr du Chesnay.
(Elect. de Mortagne, p. 1,238 — Arm. col., p. 1,004.)

Louis de Fontenay, écr, sr de la Rimberdière.
(Elect. de Mortagne, p. 1,247. — Arm. col., p. 1,016.)

Alexandre de Fontenay, écr, sr de Courboyer.
(Elect. de Mortagne, p. 1,247. — Arm. col., p. 1,016.)

Charlotte de Fontenay de la Tarrannière.
(Elect. de Mortagne, p. 1,253. — Arm. col., p. 1,017.)

(1) Il épousa en 1699, dlle Renée-Emée Romet.

(2) Ce personnage est évidemment le même que N. *de Fontaine*, chapelain du Grand-Fay, dont l'art. est ci-dessus et auquel furent attribuées des armes à peu près analogues, mais ne sachant quel était son véritable nom, nous avons reproduit les deux mentions telles qu'elles se trouvent dans l'*Armorial ms.* et dans l'*Armorial colorié.*

Marie de Fontenay, veuve de Pierre de Pilliers, éc[r], s[r] de Gentilly.

(Elect. de Verneuil, p. 221. — Arm. col., p. 220) (1).

[Marguerite-Thérèse de Fontenay], femme de François de Beaumaistre, éc[r], s[r] de la Ferrette, dame des Essars.

(Elect. de Mortagne, p. 1,245. — Arm. col. p. 1,014.)

Forcadel

D'argent à un chêne arraché de sinople; une levrette de gueules accolée d'or, passant au pied de l'arbre accompagné en chef de deux losanges de gueules.

Marie Forcadel, veuve de Charles Bruslé des Jouis, éc[r], s[r] de la Baudronnière, gentilhomme de S. A. R. Monsieur.

(Elect. de Mortagne, p. 659.)

Forest

D'argent à trois glands de sinople tigés et feuillés de sinople, deux en chef, un en pointe.

Jean-François Forest, curé de Saint-Jean-Pierrefixte.

(Elect. de Mortagne, p. 1.043. — Arm. col., p. 836.)

Fortin

D'argent à trois mouchetures d'hermine de sable, deux et une.

Félix Fortin, éc[r], s[r] des Angers.

(Elect. de Mortagne, p. 277.)

Voir : *Inconnus, n° 11.*

Fouassier

De gueules à un chef d'or chargé de trois quintefeuilles d'azur.

Louise Fouassier, veuve de Michel Godé, s[r] du Boullay.

(Elect. de Mortagne, p. 1,038. — Arm. col., p. 831.)

Foucault

De sinople à une fasce d'or, accompagnée de trois trèfles de même.

Louis Foucault, marchand.

(Elect. de Mortagne, p. 1,036. — Arm. col., p. 829.)

(1) L'arm. col. donne : *d'or au chevron d'azur* qui doit être de Pilliers.

DE FOUCHAIS

D'azur, semé de fers de piques d'argent.

Louis-François de Fouchais, éc^r, sg^r de la Faucherie (1).
(Elect. de Mortagne, p. 266. — Arm. col., p. 120.)
Voir : *L'Escuyer (Marie-Madeleine).*

DE FOULONGNES (2)

D'azur à trois fasces d'or et une bande de gueules brochante sur le tout, chargée de trois coquilles d'argent.

Catherine de Foulongnes, veuve de Gilles du Val, éc^r, s^r de la Coudrais.
(Elect. de Mortagne, p. 270.)

FOUQUE

D'argent à un pal de sable.

Barbe Fouque de la Miltière, fille.
(Elect. de Mortagne, p. 1,226. — Arm. col., p. 1,108.)

FOURNIER

D'or à une fasce de gueules.

Marguerite Fournier, veuve de Jacques Petitgars.
(Elect. de Mortague, p. 1,230. — Arm. col., p. 1,005.)

FOUSSARD

D'argent à un chevron de sable, accompagné de trois coquilles de même.

Etienne Foussard, élu à Mortagne.
(Elect. de Mortagne, p. 1,010. — Arm. col., p. 799.

D'or au lion de gueules.

Jean Foussard, bailli de Nogent le-Rotrou (3).
(Elect. de Mortagne, p. 1,040. — Arm. col., p. 833.)

Gabrielle Foussard, veuve de François-Bonnaventure Courtin, greffier en l'élection.
(Election de Mortagne, p. 1,041. — Arm. col., p. 834.)

(1) Il était fils de Louis de Fouchais, éc^r, et de Marie-Madeleine de Mortoz. La Faucherie, par. de Gardais, réunie à Tiron, fut construite en 1603 par Josué de Fouchais et détruite en 1815.

(2) Jean de Foullongnes, s^r de Saint-Jean, élection d'Alençon, fut maintenu en 1668. (*Annuaire de l'Orne* pour 1865, p. 290.)

(3) Sr de Boisard. *(Reg. parois. de N.-D. de Nogent.)*

Marguerite Foussard, fille.
(Elect. de Mortagne, p. 1,041. — Arm. col., p. 1,104.)

Anne Foussard, veuve de Jean-Antoine de Barville, éc^r^, s^r^ de la Chausserie.
(Elect. de Mortagne, p. 1,060. — Arm. col., p. 854.)

Fousteau

D'or à un arbre de sinople sur une terrasse de même.

Gilles Fousteau (1), avocat du roi à Mortagne.
(Elect. de Mortagne, p. 1,008. — Arm. col., p. 797.)

Alexandre Fousteau, cons^r^ du roi et son proc^r^ à l'élection de Mortagne.
(Elect. de Mortagne, p. 1,008. — Arm. col., p. 798.)

Pierre Fousteau, éc^r^, s^r^ des Iles, garde de S. A. R. Monsieur.
(Elect. de Mortagne, p. 1,013. — Arm. col., p. 803.)

Frain

D'azur à deux bandes d'or.

André Frain, docteur en médecine à Bellême.
(Elect. de Mortagne, p. 1,241. — Arm. col., p. 1,007.)

de Frébourg

D'azur à trois pals d'or (2).

Eléonore de Frébourg, fille.
(Elect. de Mortagne, p. 1,062. — Arm. col., p. 1,105.)

Guillaume de Frébourg, s^r^ de Coffresnes.
Voir : *Hayot (Geneviève).*

Frémont ou de Frémont (3)

De gueules à un sautoir d'argent.

D'or à une barre de sinople.

Louise de Frémont, veuve de Gilles Le Boulleur, éc^r^, s^r^ du Guay.
(Elect. de Mortagne, p. 1,255. — Arm. col., p. 1,018.)

(1) Sr du Bonmare. V. *Arch. de l'Orne,* H. 2,483.

(2) Ces armes sont certainement de pure fantaisie, car on donne à cette famille, dans le vol. 150 du Cab^t^ d'Hozier, à la B. N. : *d'argent à trois aigles de sable, becqués et membrés de gueules et posés 2 et 1,* et : *d'argent à trois aigles au vol abaissé de sable, becqués et membrés d'or,* dans Magny, I, 68.

(3) Gilles Frémont, sieur de Viantez, et François de Frémont, à Bizou, Election de Mortagne, renvoyés au Conseil et maintenus en 1667 (*Annuaire*

Fresnel

D'argent à un frêne de sinople.

René Fresnel (1) à Mortagne.
(Elect. de Mortagne, p. 1,017. — Arm. col., p. 808.)

Gaillard

D'argent à un cerf courant de sable.

Paul Gaillard, marchand.
(Elect. de Mortagne, p. 1,035. — Arm. col., p. 827.)

Galenières

De gueules à trois roses d'argent, deux et une.

Louise Galenières, fille.
(Elect. de Mortagne, p. 1,230. — Arm. col, p. 1,109.)

Garnier

D'azur à une tour d'argent maçonnée de sable sur une terrasse de même.

Renée Garnier, veuve de Jacques Maillay.
(Elect. de Mortagne, p. 1,047.)

Gautier

De gueules à une croix pattée d'argent.

Jacques Gautier, curé de Saint-Julien.
(Elect. de Mortagne, p. 1,013. — Arm. col., p. 804.)

Jeanne Gautier, femme de Jean d'Escorches, écr.
(Elect. de Mortagne, p. 1,019. — Arm. col., p. 809.)

Jean Gautier, curé de Saint-Aignan-sur-Erre.
(Elect. de Mortagne, p. 1,056. — Arm. col., p. 850.)

de l'Orne pour 1867, p. 66), portaient d'après Magny (I, 68) : *d'argent au chevron de gueules accompagné de trois trèfles de sinople*, ce qui indiquerait que les deux blasons donnés à cette famille dans l'armorial de 1696 sont également erronés.

(1) « Par contract passé devt Me Michel Leroux, note royal à Mortagne, le 18 déc. 1695, Claude Jacob, huissier, et Marie Deschamps, sa femme, ont vendu à Me René Fresnel l'estat et office de *Procureur Postulant en l'Eslection et Grenier à Sel de Mortagne*, que les dits Jacob et sa femme avoient acquis de Me Gaspard Leblond, par contract passé devt le dit sr Leroux ou Me Denis Boulie, le 19 nov. 1693. » *(Pièce originale appart. à M. J. Besnard.)*

Emmanuel Gautier, curé de Préaux.

(Elect. de Mortagne, p. 1,059. — Arm. col., p. 853.)

D'or à un coq de gueules posé sur un mont de sinople.

Jean Gautier, notaire royal à Nocé.

(Elect. de Mortagne, p. 1,046. — Arm. col., p. 839.)

LE GENDRE

D'azur à la fasce d'argent accompagnée de trois bustes de femmes de même chevelées d'or.

Pierre Le Gendre, curé de Saint-Hilaire-sur-Erre.

(Arm. col., p. 792.)

D'argent à la bande de sable.

Denis Le Gendre, procureur au siège de Mortagne.

(Arm. col., p. 908.)

GENTIL

D'azur à un cerf ailé d'or.

André Gentil, curé de Bellou.

(Elect. de Mortagne, p. 1,029. — Arm. col., p. 820.)

GERARD

D'azur à une fasce d'or, accompagnée de trois roses d'argent.

Christophe Gerard, curé de la Poterie.

(Elect. de Mortagne, p. 1,003. — Arm. col., p. 791.)

GESBERT

D'azur à trois gerbes d'or liées de gueules, deux et une.

Jean Gesbert, curé de N.-D. de Mortagne (1).

(Elect. de Mortagne, p. 1,024. — Arm. col., p. 815.)

GIRARD

D'azur à trois épis de blé d'or, deux et un.

François Girard, cons^r du Roi, vicomte du Perche, au siège de Bellême et la Perrière.

(Elect. de Mortagne, p. 515. — Arm. col., p. 899.)

(1) Curé de N.-D. de Mortagne, le 29 déc. 1673, mort le 14 sept. 1711. (*Hist. relig. de Mortagne, p. J. Besnard.*)

D'azur à une bande d'or chargée d'une baïonnette de gueules.

Jean-François Girard (1), conseiller du Roi, Elu en l'Election de Mortagne.

(Elect. de Mortagne, p. 1,286. — Arm. col., p. 1,038.)

DE GISLAIN [DE BOISGUILLAUME] (2)

D'azur à un cerf passant d'or.

Léonor-Antoine de Gislain, éc^r, s^r de Prépotin.

(Elect. de Mortagne, p. 429. — Arm. col., p. 341.)

Jean-Antoine de Gislain, éc^r, s^r de Corbion et de Prépotin.

(Arm. col., p. 239.)

DE GISLAIN [DE LA SARDINIÈRE] (3)

D'azur à un chevron d'or accompagné de trois glands de sinople, les tiges en bas de même.

François de Gislain, éc^r, s^r de la Sardinière, cons^r du Roi, m^e des Eaux et Forêts de Bellême.

(Arm. col., p. 439.)

Voir : *Regnoult (Madeleine).*

Jean de Gislain, éc^r, s^r de la Sardinière, cap^ne au régt d'Inf^ie de l'Isle-de-France (4).

(Elect. de Mortagne, p. 658. — Arm. col., p. 415.)

(1) Sr de la Brulonnière. Achète le 25 nov. 1699 de Alexandre Rochie, s^r de la Gastine, l'office de Cons^r du Roi en la dite Election de Mortagne. (*Minutes de Me Heudeline, notaire à Mortagne.*)

(2) V. *Arch. de l'Orne*, H. 2,550. Jean-Antoine de Gislain, s^r de Boisguillaume, à Soligny, Claude de G., s^r de Saint-Mars, à Saint-Mars-de-Réno, qui appartenaient à cette famille, furent maintenus en leur ancienne noblesse le 7 juin 1667. (*Annuaire de l'Orne* pour 1867, p. 67.)

(3) Cette famille, qui ne semble avoir aucun rapport avec la précédente, quoique toutes deux soient originaires du Perche, est issue de Jean Gislain, anobli pour services militaires par lettres patentes de juillet 1644, et pour lequel le héraut d'armes de France composa le blason suivant : *d'argent au chevron de gueules, accompagné de 3 rainceaux ou branches de chesne de sinople, ayant chascun un gland au bout.* (*Notes tirées du chartrier de Saint-Agil en Vendômois et communiquées par M. l'abbé Chambois.*) Le blason de l'armorial de 1696 en est donc une déformation très fautive. Une famille de Gislain de Benouville, maintenue en 1666 dans la généralité de Caen, portait des armes différentes de celles des deux familles de Gislain du Perche (De Magny, I, 72).

(4) François, Jean et Marie de Gislain étaient fils de Richard de Gislain, éc^r, s^r de la Sardinière, et de Marie Regnoust. (*Notes tirées du chartrier de Saint-Agil.*) Le blason attribué à Marie est fantaisiste.

De gueules à une rose d'argent.

Marie Gislain, fille.
(Elect. de Mortagne, p. 1,246. — Arm. col., p. 1,110.)

DE GLAPION

D'azur à trois fasces d'or (1).

Gaspard de Glapion, éc^r^, s^r^ de la Porte.
(Elect. de Mortagne, p. 277. — Arm. col., p. 112.)

Voir : *Inconnus, n° 35.*

Augustin de Glapion, éc^r^, s^r^ de la Boissière.
(Elect. de Mortagne, p. 290. — Arm. col., p. 109.)

Voir : *Inconnus, n° 14.*

Jacques de Glapion, éc^r^, s^r^ des Noées.
(Arm. col., p. 278.)

Louis de Glapion, éc^r^, s^r^ des Fontaines.
(Arm. col., p. 9.)

Nicolas de Glapion, éc^r^, s^r^ du Fustel.
(Arm. col., p. 10.)

De gueules à une bande vivrée d'or (2).

Denis-Jacques de Glapion, éc^r^, s^r^ de Rosné.
(Elect. de Mortagne, p. 1,256. — Arm. col., p. 1,019.)

D'azur à trois barres d'or (2).

Louis de Glapion, éc^r^, s^r^ de Véranvillier.
(Arm. col., p. 76.)

Rolland de Glapion, éc^r^, s^r^ de Valences.
(Arm. col., p. 171.)

GOBILLON

D'argent à une aigle de gueules.

Denis Gobillon (3), cons^r^ du Roi, rec^r^ des Tailles en l'Election de Mortagne.
(Elect. de Mortagne, p. 995. — Arm. col., p. 785.

Voir : *Poulard (Marie-Rose).*

(1) L'armorial colorié ajoute : *à la bordure de gueules.* Cette bordure qui serait *à enquerre*, étant d'émail sur émail, n'est pas indiquée dans la recherche de 1666 où cette famille fut maintenue. (*Annuaire de l'Orne* pour 1867, p. 67.)

(2) Ces armoiries sont évidemment de pure fantaisie.

(3) Sr de la Forgetterie et de Loisail, † le 11 octobre 1714. (*Testament olographe appart. à M. J. Besnard.*) Il avait épousé Marie-Rose Poulard. (B. N. P. O. 1,342.)

Jacques Gobillon, éc[r], s[r] de Launay, fourrier des logis de la Maison de Monsieur, frère unique du Roi (1).
(Elect. de Mortagne, p. 996.)

Julien Gobillon, prêtre, doyen de l'Eglise de Mortagne.
(Elect. de Mortagne, p. 1,015. — Arm. col., p. 785 et 805.)

Guillaume Gobillon (2), cons[r] du Roi, lieut[t] part[r] au bailliage de Mortagne.
(Elect. de Mortagne, p. 1,028 — Arm. col., p. 819.)

D'argent à trois trèfles de sinople.

[Charlotte Gobillon], femme de Pierre de Tiercelin, éc[r].
(Elect. de Mortagne, p. 1,028. — Arm. col., p. 814.)

DE GODEFROY

D'azur au chevron d'argent, accompagné en chef d'un croissant et de deux roses et en pointe d'un lion de même.

Rodolphe Goddefroy, officier vétéran de la Maison du Roi.
(Elect. de Mortagne, p. 268.)

De gueules à une fasce d'or.

Robert Godefroy, éc[r], lieut[t] de dragons au rég[t] d'Estaing.
(Elect. de Mortagne, p. 1,234. — Arm. col., p. 1,900.)

Voir : *Mallard (Marie).*

Catherine de Godefroy, veuve de René Le Boulleur, éc[r].

D'argent à une licorne d'azur.
(Elect. de Mortagne, p. 1,253. — Arm. col., p. 1.017.)

GODÉ

De gueules à un calice d'or.

Léonard Godé, prêtre.
(Elect. de Mortagne, p. 1,038. — Arm. col., p. 830.)

Michel Godé, s[r] du Boullay.

Voir : *Fouassier (Louise).*

(1) Dem[t] à Mortagne, paroisse de Loisé. Il épousa Marie Marolle. (V. B. N. P. O. 1,342.)

(2) Il épousa Françoise Leclère. (B. N. P. O. 1,342.)

GOISLARD

D'argent à une fasce de sable chargée d'un léopard d'or.

Gabriel Goislard, huissier du Cabinet de feue Madame la Duchesse douairière d'Orléans.

(Elect. de Mortagne, p. 998.)

D'azur à trois cygnes d'argent.

René Goislard, avocat à Nogent-le-Rotrou.

(Elect. de Mortagne, p. 1,040. — Arm. col., p. 832.)

GOT

De gueules à un cygne d'argent.

N..... Got, prêtre, curé de St-Jean-de la Forêt.

(Elect. de Mortagne, p. 1,245. — Arm. col., p. 1,014.)

GOUEVROT

De gueules à six besants d'argent, trois, deux et un.

Jean Goüevrot, écr, sr de Blandé, cr du Roi, prést en l'Election de Mortagne.

(Elect. de Mortagne, p. 1,245. — Arm. col., p. 1,014.)

GOUHIER

D'argent à trois grenades ouvertes de gueules grenées d'or ; tigés et feuillées de sinople deux et un.

Denis Gouhier, docteur en médecine, consr et médecin ordinaire du Roi.

(Elect. de Mortagne, p. 432.)

GOUIN

D'argent à une fasce de gueules, chargée de trois besants d'or.

Antoine-Jacques Gouin, écr, sr de la Raspilière.

(Elect. de Mortagne, p. 281.)

Voir : *Durand (Renée-Françoise-Geneviève).*

D'argent à trois couronnes de laurier de sinople, deux et un.

Françoise Gouin, veuve de Gilles de Bry, officier au baillage de Bellême.

(Elect. de Mortagne, p. 1,225. — Arm. col., p. 994.)

Le Gouju

D'azur à trois poissons d'or en fasce, l'un sur l'autre (1).

Charles Le Gouju, avocat à Nogent-le Rotrou.

(Elect. de Mortagne, p. 1,042. — Arm. col., p. 835.)

Gravelle (de)

D'azur au chevron d'or accompagné de trois croissants d'argent, deux et un.

François de Gravelle, éc^r^, sg^r^ de la Motte, Garde de la Porte du Roi.

(Elect. de Mortagne, p. 274.)

Renée-Madeleine de Gravelle, femme de Jean des Faveris, éc^r^, s^r^ de la Rabouine.

(Elect. de Mortagne, p. 660. — Arm. col., p. 419.)

Grenier (du)

D'or au lion passant de gueules.

Suzanne du Grenier, veuve du sieur de Beauvoisin, éc^r^.

(Arm. col., p. 84) (5).

D'or à trois tours de gueules, deux et un (2).

René du Grenier (3), baron d'Oleron, sg^r^ du Pin.

(Elect. de Mortagne, p. 1,000. — Arm. col., p. 789.)

Voir : *Inconnus, n° 12.*

De sable à trois tours deux et un d'or.

Françoise du Grenier, épouse de Robert de Blanchouin, éc^r^ (4).

(Elect. de Mortagne, p. 1,022. — Arm. col., p. 813.)

Jacques du Grenier.

Voir : *Le Comte (Françoise).*

(1) L'arm. col. porte : *A trois poissons d'argent.*

(2) Ce blason fantaisiste ne ressemble guère aux armes des du Grenier, qui sont : *D'or au lion de gueules* (B N. doss., bl. 332).

(3) Fils de Louis du Grenier et de Anne-Marie Chardel (B. N. P. O. 1,406, 32,689).

(4) L'armorial colorié donne : *D'argent à la fasce de gueules chargée d'un trèfle d'or.*

(5) L'armorial colorié donne plus loin (p. 318) : *D'or freté d'azur.*

D'argent à la fasce de gueules, chargée d'un trèfle d'or.

Françoise du Grenier, veuve de Robert du Blanchouin, éc^{r}, s^{r} de la Hélière.

(Arm. col., p. 44.)

GRISSET

D'or à trois tours de gueules, deux et un.

Pierre Grisset, curé de Tourouvre.

(Elect. de Mortagne, p. 1,020. — Arm. col., p. 810.)

GROIGNAUX (DE)

D'hermines à une croix de gueules.

Charles de Groignaux, éc^{r}, sg^{r} de St-Aubin de Boissey.

(Elect. de Mortagne, p. 265. — Arm. col., p. 22.)

Voir : *Inconnus, n° 2.*

D'argent à une croix de gueules cantonnée de douze mouchetures d'hermines, trois à chaque canton posées deux et une.

François de Groignaux, éc^{r}, sg^{r} de la Ginardière, et Henri de Groignaux, sg^{r} de la Thibaudière.

(Elect. de Mortagne, p. 265 et 266. — Arm. col., p. 119 et 120.)

D'argent à trois sangliers passants de sable, deux et un.

Charlotte de Groignaux, dite de Forges, damoiseille.

(Elect. de Mortagne, p. 1,018. — Arm. col., p. 1,104.)

D'argent à un chevron de gueules accompagné de trois sangliers passant de sable.

Eléonore de Groigneaux, veuve de François Guimond, éc^{r}, s^{r} de la Relevière.

(Elect. de Mortagne, p. 1,042. — Arm. col., p. 834.)

Henri de Groignaux.

Voir : *Inconnus, n° 34.*

GUÉRIN

D'or à trois lions de sable, armés, lampassés et couronnés de gueules.

Pierre Guérin, éc^{r}, s^{r} de Poisieux.

(Elect. de Mortagne, p. 269. — Arm. col., p. 22.)

Voir : *Rivet (Madeleine).*

François Guérin, éc^r^, s^r^ de St-Pol, représenté par sa veuve Charlotte de Bellejambe.
(Elect. de Mortagne, p. 280).

Voir : *Bellejambe (Charlotte de).*

Jacques Guérin, éc^r^, s^r^ de l'Epinay.
(Elect. de Mortagne, p. 278.)

De gueules à trois colombes d'argent, deux et une.

Thomas-René Guérin, lieut^t^ de la vicomté de Bellême.
(Elect. de Mortagne, p. 1,064. — Arm. col., p. 859.)

D'or à un chevron d'azur accompagné de trois étoiles d'argent.

Fleurent Guérin, cons^r^ du Roi, son avocat et procureur en la maréchaussée de Bellême.
(Elect. de Mortagne, p. 1,229. — Arm. col., p. 997.)

De sable à un lion d'argent.

François Guérin, avocat à Bellême.
(Elect. de Mortagne, p. 1,244. — Arm. col., p. 1,013.)

De gueules à cinq besants d'or posés en sautoir.

François Guérin, greffier au grenier à sel de Bellême.
(Elect. de Mortagne, p. 1,248. — Arm. col., p. 1,009.)

D'or à un chevron de sable, accompagné de trois tourteaux de même.

Victor Guérin, maître de forges.
(Elect. de Mortagne, p. 1.030. — Arm. col., p. 821.)

Pierre Guérin, avocat à Bellême.

Voir : *Hamelin (Renée).*

Laurent Guérin, ec^r^, s^r^ de Leyrmoy.

Voir : *Guimond (Marie).*

D'azur à une aigle d'argent.

Pierre Guérin, prêtre, curé de la paroisse de Condé.
(Elect. de Chartres, p. 672.)

GUÉROULT (DE)

D'azur à un chevron de gueules, accompagné de trois glands de sinople tigés et feuillés de même.

Jean-Baptiste-Gaston de Guéroult, éc^r^, s^r^ de la Gohière.
(Elect. de Mortagne, p. 264. — Arm. col., p. 119.)

Mathieu de Guéroult, éc^{r}, s^{r} de Bois-Robert.
(Arm. col., p. 73.)

Mathieu de Guéroult, éc^{r}, s^{r} de Bois-Groult.
(Arm. col., p. 73.)

Nicolas de Guéroult, éc^{r}, s^{r} d'Anglure.
(Arm. col., p. 73.)

Mathieu de Guéroult, éc^{r}, s^{r} de la Giboudière.
(Arm. col., p. 93.)

Jean de Guéroult, éc^{r}, s^{r} de St-Loup.
(Arm. col., p. 108.)

Marie-Thérèse de Guéroult, femme de Nicolas de Guéroult, éc^{r}, s^{r} d'Anglure.
(Arm. col., p. 400.)

D'azur à une fasce d'or accompagnée de trois fermeaux d'or, deux en chef, un en pointe.

Louis de Guéroult, prêtre, éc^{r}, curé de Montgaudry.
(Elect. de Mortagne, p. 1,026. — Arm. col., p. 817.)

D'or à trois aigles de sable.

Jacques de Guérout, éc^{r}, s^{r} de la Terrière.
(Elect. de Mortagne, p. 1,062. — Arm. col., p. 856.)

Jean Guéroult, éc^{r}, s^{r} de la Gohière.

Voir: *Le Comte (Madeleine).*

Jean Guéroult, éc^{r}, s^{r} de Malnos.

Voir: *Moreau (Marie).*

D'or à trois merlettes de sable.

Marie de Guérout, fille.
(Elect. de Mortagne, p. 1,249. — Arm. col., p. 1,110.)

GUERRIER

D'azur à un dextrochère armé d'or, tenant une épée d'argent.
Pierre Guerrier, prestre.
(Elect. de Mortagne, p. 1,041. — Arm. col., p. 834.)

GUESDE

D'azur au lion passant d'argent accompagné de deux fleurs de lys d'argent.

Michel Guesde, officier du Commun du Roi.
(Elect. de Mortagne, p. 1,089. — Arm. col., p. 831.)

D'argent à trois fasces de gueules.

Sébastien Guesde, prêtre, curé de St-Laurent de Nogent-le-Rotrou.

(Election de Mortagne, p. 1,039. — Arm. col., p. 882.)

GUILLAURAY

De gueules à une tour d'argent maçonnée de sable.

Abraham Guillauray, écr.

(Election de Mortagne, p. 998.)

GUILLÉ

D'argent à trois aigles de sable, deux et un.

Marguerite Guillé, épouse de Pierre Plard, élu de Mortagne.

(Elect de Mortagne, p. 1,020. — Arm. col., p. 811.)

Voir : *Plard (Pierre).*

GUILLIN

D'argent à un griffon de sable.

Pierre Guillin, sergent royal à Mortagne.

(Elect. de Mortagne, p. 1,241. — Arm. col., p. 1,006.)

GUIMOND

De sable à une bande d'or chargée d'une quintaine de sinople.

Marie Guimond, veuve de Laurent Guérin, sr de Leyrmoy.

(Elect. de Mortagne, p. 1,289. — Arm. col., p. 1,043.)

GUINCHARD

De gueules à un château d'or.

Jean Guinchard, procr fiscal à Longny.

(Elect. de Mortagne, p. 1,236. — Arm. col., p. 1,002.)

GUYTON

D'argent à un lion d'azur.

Nicolas Guyton, prêtre, curé de la paroisse de Montigny.

(Elect. de Chartres, p. 608.)

Halopin

D'azur à une macle d'or.

Pierre Halopin, prêtre, curé de la paroisse de Frétigny.
(Election de Chartres, p. 645.)

Hamel (du)

D'argent à un chevron de gueules accompagné en chef de deux tourteaux de gueules.

Jacques du Hamel, chirurgien [à Mortagne].
(*Elect. de Mortagne, p. 1,011. — Arm. col., p. 801.*)

Hamelin

D'or à trois couronnes de laurier de gueules.

Antoine Hamelin, greffier de Sainte-Gauburge.
(*Elect. de Mortagne, p. 1,234. — Arm. col., p. 1,001.*)

Hamelin

De gueules à six besans d'argent, trois, deux et un.

Renée Hamelin, veuve de Pierre Guérin, avocat à Bellême.
(*Elect. de Mortagne, p. 1,229. — Arm. col., p. 996.*)

Hardaz (du)

D'argent à six tourteaux de gueules, trois, deux et un.

Catherine du Hardaz (1), épouse de Jean-Louis Abot du Bouchet, chevalier, sg[r] de Surmont, Milan et patron de Courtoulin.
(*Elect. de Mortagne, p. 259.*)

La Haye (de)

D'argent à deux fasces de sinople.

Louis de la Haye, écuyer, sieur du Mesnil.
(*Elect. de Mortagne, p. 1,030. — Arm. col., p. 821.*)

(1) Dame des terres et seigneuries de Linde et de la Rochelle, † le 13 avril 1700 et inhumée en l'église N.-D. de Mortagne. — V. *Hist. relig. de Mortagne*, p. 129.

Le Hayer

D'or au chevron de gueules chargé de trois croissants d'argent, un en haut et deux en bas du chevron.

Timothée Le Hayer, écuyer, sieur de Breval, commissaire ordinaire d'artillerie.
(*Elect. de Mortagne, p. 273.*)

D'azur à deux lions affrontés d'argent.

Timothé Le Hayer, écuyer, sieur de Bréval.
(*Elect. de Mortagne, p. 1,248. — Arm. col., p. 1,009.*)

Hayes (des)

D'or à deux fasces de sinople.

Robert des Hayes, chirurgien à Tourouvre.
(*Elect. de Mortagne, p. 1,021. — Arm. col., p. 812.*)

Hayot

D'azur à un chevron d'or accompagné en pointe d'une masse d'argent.

Robert Hayot, prêtre chancelier (1) de Mortagne.
(*Elect. de Mortagne, p. 1,008. — Arm. col., p. 797.*)

D'azur à deux bourdons d'or passés en sautoir.

Gilles Hayot, tiers référendaire.
(*Elect. de Mortagne, p. 1,012. — Arm. col., p. 802.*)

De sinople à deux fasces d'or chargées chacune de deux roses de gueules.

N..... Hayot, épouse de feu Louis Duplessis.
(*Elect. de Mortagne, p. 1,022.*

De gueules à une croix d'or cantonnée de quatre roses de même.
(*Elect. de Mortagne, p. 1,048. — Arm. col., p. 846.*)

Marin Hayot, curé de Coudreceau.
(*Elect. de Mortagne, p. 1,048. — Arm. col., 846.*)

(1) De l'église collégiale de Toussaint.

De gueules à cinq etoiles d'argent passées en sautoir.

[Geneviève Hayot], veuve de [Guillaume de Frebourg], éc[r], s[r] de Coffresne.

(Elect. de Mortagne, p. 1,256. — Arm. col., p. 1,019.)

HELUIN

D'azur à un sautoir d'argent chargé de cinq roses de gueules.

Richard Heluin, expert-juré.

(Elect. de Mortagne, p. 1,012. — Arm. col., p. 802.)

HEVEL

D'argent à une aigle de sable éployée.

Pierre Hevel, curé de Marsilly.

(Elect. de Mortagne, p. 1.242. — Arm. col. p. 1.007.)

L'HERMITE

D'azur à trois gerbes d'or liées de gueules, écartelé d'argent au massacre de cerf de sable.

Nicolas L'Hermite (1) ec[r], s[gr] de Saint-Denis, avocat au baillage et vicomté de Mortagne.

(Elect. de Mortagne, p. 261. — Arm. col. p. 384.)

Georges L'Hermite, écuyer, s[gr] des Hays, ci-devant capitaine au régiment de Navarre.

(Elect. de Mortagne, p. 273. — Arm. col., p. 115.)

D'azur à un pélican d'or.

Georges L'Hermite, sieur des Hayes, écuyer.

(Elect. de Mortagne, p. 1,021. — Arm. col., p. 812.)

HERSAN

D'or à trois herses de gueules, deux et une.

Jean Hersan, curé de Champeaux.

(Elect. de Mortagne, p. 1.029. — Arm. col., p. 820.)

(1) Il épousa Marguerite Chaumar. (Minutes de Me Heudeline, notaire à Mortagne.) Il était, ainsi que Georges, fils d'Etienne, bailly et député du Perche en 1614, et issu de Tristan, grand-maître de l'artillerie de France. (P. Anselme, VIII, p. 134.)

HERVÉ

D'argent à une fasce de gueules et une bordure de sable, chargée de huit besans d'or.

Armand Hervé, chanoine.
(Elect. de Mortagne, p. 1,053. — Arm. col., p. 846.)

Louis Hervé, chanoine.
(Elect. de Mortagne, p. 1,053. — Arm. col., p. 847.)

HUBERSON.

De gueules à un cor de chasse d'argent.

Louis Huberson, notaire à Nogent-le-Rotrou.
(Elect. de Mortagne, p. 1.017. — Arm.col., p. 808.

HUE

D'or à un chevron de gueules accompagné en pointe d'un corbeau de sable.

Michel Hue, vicaire de Coulonges.
(Elect. de Mortagne, p. 1,046. — Arm. col., p. 838.)

HUET

D'azur à trois épis de blé d'or, deux et un.

Etienne Huet, sgr de la Hélière, officier de feu Madame la Dauphine.
(Elect. de Mortagne, p. 518. — Arm. col., p.901.)

D'azur à un chevron d'argent accompagné de trois croissants d'argent.

Charles Huet, sieur de la Grandmaison, officier.
(Elect. de Mortagne, p. 1.050. — Arm. col., p. 844.)

JAHAN

De sable à un lion d'or.

Louis Jahan, sieur de Lisle, employé dans les affaires du roi.
(Elect. de Mortagne, p. 1,000. — Arm. col., p. 789.)

Jouault

D'azur à une croix d'or cantonnée de quatre aigles de même.

Claude Jouault, curé de Nonvilliers.
(Elect. de Mortagne, p. 1,004. — Arm. col., p. 793.)

Jouenne

D'azur à un phénix essorant d'or sur son bûcher enflammé de gueules, regardant un soleil d'or naissant de l'angle dextre du chef.

Clément Jouenne, curé de Serigny.
(Elect. de Mortagne, p. 1.002. — Arm. col., p. 791.)

Juchereau

D'or à un arbre de sinople sommé d'un coq de gueules.

Pierre Juchereau, prêtre (1).
(Elect. de Mortagne, p. 1,010 — Arm. col., p. 800.)

Jumeau

D'azur à deux pigeons d'argent posés sur un chicot d'or posé en fasce.

Antoine Jumeau, curé de la Brière.
(Elect. de Mortagne, p. 1,023. — Arm. col., p. 814.)

D'azur à deux jumelles d'or.

Charles Jumeau, marchand.
(Elect. de Mortagne, p. 1.035. — Arm. col., p. 818.)

Jusseaume (de)

D'azur à une fasce d'argent accompagnée en chef de deux croissants d'argent, et en pointe d'une étoile d'argent.

Odet de Jusseaume, sieur de Moncorbin, ancien garde du roy.
(Elect. de Mortagne, p. 518. — Arm. col., p. 900.)

(1) Chantre de l'église de Toussaint de Mortagne.

De gueules à une croix d'argent.

René Jusseaume, prêtre, curé du Mage.
(Elect. de Mortagne, p. 1,286. — Arm. col. p. 1,003.)

LAMBERT

De gueules à un lion d'or.

Pierre Lambert, curé du Pin.
(Elect. de Mortagne, p. 1,032. — Arm. col., p. 824.)

LAMOTTE

De sable à une fasce d'or accompagnée de trois monts de même, deux en chef, un en pointe.

Jean-Corneille Lamotte, procureur.
(Elect. de Mortagne, p. 1,014.)

LAMY

D'azur à un nom de Jésus d'or.

Jacques Lamy, curé de Trisay-au-Perche.
(Elect. de Mortagne, p. 282. — Arm. col., p. 99.)

LAMY (DE)

D'or à une harpie couronnée d'azur.

Elisabeth de Lamy, épouse de Pierre-Antoine du Crochet, écuyer, s[gr] de Maisons-Maugis.
(Elect. de Mortagne, p. 262. — Arm. col., p. 487.)

LANGLOIS

D'or à une fasce d'azur chargée d'une roue d'argent.

Pierre Langlois, prêtre, curé de Saint-Denis-des-Coudrais.
(Elect. de Mortagne, p. 1,289. — Arm. col., p. 1,043.)

LANGORANT (DE)

D'argent à trois tourteaux de sable.

Claude de Langorant, écuyer, sieur de la Pierre.
(Elect. de Mortagne, p. 280.)

Lavie

De sable au lion ailé d'argent.

Michel Lavie, greffier en chef de l'élection de Mortagne.
(*Arm. col., p. 786.*)

La Vye

D'argent au chevron de sable, accompagné de trois flammes de gueules.

René de la Vye, con[er] du Roi, com[re] part[er] aux revues des troupes de Sa Majesté à Bellesme.
(*Arm. col., p. 431.*)

Le Lasseur

D'azur à un chevron d'or accompagné de trois coqs d'argent.

Antoine Le Lasseur, écuyer, sieur de Lombault.
(*Elect. de Mortagne, p. 287.*)

Antoine Le Lasseur, écuyer.

Voir : *Inconnus, n° 5.*

Pierre Le Lasseur, éc[r], s[r] de la Coquardière.
(*Arm. col., p. 148*) (1).

François Le Lasseur, éc[r], s[r] de la Baudrière.
(*Arm. col., p. 222.*)

François Le Lasseur, prêtre, écuyer.
(*Arm. col., p. 367.*)

Laudier

D'azur à trois croix potencées d'or, deux et une.

[Gabrielle Laudier], femme de Gaspard de Glapion, éc[r], s[r] de la Porte.
(*Elect. de Mortagne, p. 1,239. — Arm. col., p. 1,105.*)

Launay (de) (2)

Fascé de vair et de gueules de six pièces.

François de Launay, écuyer, ci-devant capitaine au régiment d'Alençon.
(*Elect. de Mortagne, p. 658.*)

(1) L'arm. colorié donne : *Au chevron d'argent.*
(2) Connus à Mortagne sous le nom *de Cohardon*, l'une de leurs terres.

Léon de Launay, écuyer, sieur de Grandpré.
(*Elect. de Mortagne, p 658.*)

Vairé.

Gaspard de Launay, prêtre et cy-devant curé de Réveillon et à présent de Moussonviller.
(*Elect. de Verneuil, p. 648.*)

Vairé et contre-vairé d'argent et d'azur à trois burelles de gueules.

Jacqueline-Angélique de Launay, épouse de Charles Le Boulleur, éc[r], s[r] de Brotz.
(*Elect. de Verneuil, p. 226.*)

Le Bailly

D'azur à un château d'or.

Guillaume Le Bailly, curé de Saint-Mard-de-Coulonges.
(*Elect. de Mortagne, p. 1,021. — Arm. col., p. 811.*)

Le Balleur

D'azur à trois besants d'or, deux et un.

Jean-Baptiste Le Balleur, écuyer, s[r] de la Mondière.
(*Elect. de Mortagne, p. 1,057. — Arm. col., p. 851.*)

Le Jay

D'argent à neuf merlettes de sable, 4 et 5.

Marie Le Jay, veuve de Jacques Le Breton, écuyer, seigneur de (la) Vaunoise.
(*Elect. de Mortagne, p. 1,250. — Arm. col., p. 1,010.*)

Voir : *Le Breton (Jacques).*

Le Ledier

D'azur à deux épées d'argent posées en sautoir, les gardes et les poignées d'or, au chef d'argent.

[Madeleine Le Ledier] femme de Pierre du Buat (1), écuyer.
(*Elect. de Mortagne, p. 1.030. — Arm. col., p. 822.*)

(1) Nous trouvons, à la fin du XVIIIe s., trois Pierre du Buat, l'un, sieur de Vaux-Henry, qui épousa, le 20 nov. 1656, Jeanne Philippes demeurant à Tortisambert (élect. d'Argentan), un autre qui épousa

Lefebvre

D'azur à une fasce d'or accompagnée de trois billettes d'argent.

René Lefebvre, huissier.
(*Elect. de Mortagne, p. 1,012.*)

Legendre

D'azur à une fasce d'argent accompagnée de trois bustes de pucelles de même chevelées d'or.

Pierre Legendre, curé de Saint-Hilaire-sur-Erre.
(*Elect. de Mortagne, p. 1.003.*)

Lescureur

D'argent à trois bandes de gueules.

N..... Lescureur, prêtre, chapelain de Saint-Nicolas (1).
(*Elect. de Mortagne, p. 1,035. — Arm. col. p. 828.*)

Lissarague (de)

D'azur à trois poissons d'argent posés en fasce l'un de l'autre.

Louise de Lissarague, veuve de Louis-Michel Neveu.
(*Elect. de Mortagne, p. 1,039. — Arm. col, p. 831.*)

Anne de Lissarague, fille (id.). — (*Arm. col., p. 1,104.*)

Loche

De sable fretté d'argent, au chef d'or chargé d'un soleil de gueules.

Gilles Loche, sieur de la Ribottière, officier de veinerie du roi.
(*Elect. de Mortagne, p. 1.020. — Arm. col., p. 811.*)

Lochon

D'azur à une aigle d'or.

Etienne Lochon, prêtre, curé de la paroisse de Bretonvilliers.
(*Elect. de Chartres, p. 672.*)

Marie du Guay et enfin Pierre du Buat, sgr de Bouligni, demeurant aux Ligneris (gén. d'Alençon), dont le mariage avec Madeleine Le Ledier eut lieu le 4 mai 1663. Nous croyons qu'il s'agit ici de ce dernier.

(1) Chapelle de Saint-Nicolas à l'hôpital de Mortagne.

LOHU

D'or à trois fasces d'azur.

Antoine Lohu, greffier de Longny,
(*Elect. de Mortagne, p. 1,236 — Arm. col., p. 1,002.*)

LOISÉ

La Communauté des Frères de la Charité de Saint-Germain de Loisé.

D'or à une bande de sinople, chargée d'un clou d'argent.
(*Elect. de Mortagne, p. 1,290. — Arm. col., p. 1,043.*)

LOIZEL (DE)

De gueules à un chevron d'argent accompagné de trois croissants de même.

René de Loizel, écuyer, sieur de la Bignonnière.
(*Elect. de Mortagne, p. 271. — Arm. col. p. 114*)

LOMPRÉ (DE)

D'azur à un lion d'azur.

N...., de Lompré, écuyer.
(*Elect. de Mortagne, p. 1,224.*)

Voir : *Puisaye (Marie de).*

LOISON

D'or à un cœur de gueules.

François Loison, écuyer, prêtre, curé de Verrières.
(*Elect. de Mortagne, p. 280.*)

LONGCHAMPS (DE).

D'azur à trois lions d'or, deux et un.

N..... de Longchamps, écuyer, sieur de Bellavilliers, et Marie-Madeleine Loustran, sa veuve (1).
(*Elect. de Mortagne, p. 1.250.*)

Voir: *Loustran (Marie-Madeleine).*
(*Arm. col., p. 1,010.*)

(1) *Porté d'argent à la bande de gueules chargé de trois roses d'or.*

Longny (Prieuré de).

D'argent à un chêne de sinople englanté d'or.

(Elect. de Mortagne, p. 1.286. — Arm. col., 1.002.)

La communauté des religieuses benédictines de Longny.

(Elect. de Mortagne, p. 1.285.)

D'or à un pal de sable chargé d'un cœur d'argent.

Lore

D'azur à un dauphin d'argent lorré de gueules.

Pierre Lore, curé de Coulimer.

(Elect. de Mortagne, p 1,030. — Arm. col., p. 821.)

Lorillère

D'argent à une tête de more de sable.

Toussaint Lorillère, curé de Berdhuis.

(Elect. de Mortagne, p. 1.063. — Arm. col., p. 858.)

Louis

De sable à un griffon d'or.

Michel Louis, greffier en chef de l'élection de Mortagne.

(Elect. de Mortagne, p. 996.)

Loustran

D'argent à une bande de gueules chargée de trois roses d'or.

Marie-Madeleine Loustran, veuve de N..... de Longchamps, sieur de Bellavilliers.

(Elect. de Mortagne, p. 1,250.)

Voir : *Longchamps (N..... de).*

Louveau

De sable à deux fasces d'argent.

Renée Louveau, fille.

(Elect. de Mortagne, p. 1,224. — Arm. col., p. 1,107)

D'or à trois têtes de loup de gueules.

Antoine Louveau, curé de Courcerault.

(Elect. de Mortagne, p. 1.029. — Arm. col., p. 820.)

LOYSEAU

De gueules à une macle d'or.

Alexandre Loyseau, prêtre, curé de la paroisse d'Happonvilliers.

(Election de Chartres, p. 655.)

LUDIÈRE

Echiqueté d'argent et de sable.

Michel Ludière, curé de Bubertré.

(Elect. de Mortagne, p. 1,020. — Arm. col., p. 820.)

LA MADELEINE DE RÉNO (Prieuré de)

D'azur à un bâton prieural d'or accosté des deux lettres S *et* M *de même.*

(Elect. de Mortagne, p. 1,249. — Arm. col., p. 1,009.)

MAGNY (DE)

D'or à un lion passant de sinople.

Charlotte de Magny, veuve de Eustache de Méry.

(Election de Mortagne, p. 1,234. — Arm. col., p. 1,000.)

LE MAIGNAN

D'argent à trois fasces de gueules.

Catherine Le Maignan, veuve de Claude de Beauvais-Saint-Pol, écuyer, sieur des Boulays.

(Elect. de Mortagne, p. 283.)

MAIGNEN

De gueules à la bande d'argent, chargée de trois coquilles de sable.

Claude Maignen, curé de Moulicent.

(Arm. col., p. 784.)

MAILLAY

Jacques Maillay.

Voir : *Garnier (Renée).*

MALART (DE) (1)

D'azur à une fasce d'or chargée d'un fer de mulet de sable, cloué d'argent, accosté de deux losanges de gueules.

Claude Mallart, écuyer, sieur du Mesnil.
(Elect. de Mortagne, p. 518. — Arm. col., p. 901.)

Voir : *Inconnus, n° 33.*

Jean de Mallart, écuyer, sieur de Falandre, représenté par sa veuve, Louise de Barville.
(Elect. de Mortagne, p. 287.)

D'argent à une croix de gueules.

Marie de Mallard, femme de Robert de Godefroy, écuyer, lieutenant de dragons.
(Elect. de Mortagne, p. 1,254. — Arm. col., p. 1,017.)

MALLET (DE)

D'argent à trois maillets de sable.

Léonard de Mallet, curé de Saint-Sauveur de Bellême.
(*Elect. de Mortagne, p. 1,012. — Arm. col., p. 802.*)

MARAIMBERT

D'argent à une croix à huit pointes soutenue de trois roses posées deux et un; le tout de gueules et accostées de deux lances de même.

Pierre Maraimbert, greffier de la vicomté de Bellême.
(*Elect. de Mortagne, p. 515. — Arm col., p. 399.*)

MARAINE

De gueules à un lion d'argent couronné d'or.

Charles Maraine, marchand.
(Elect. de Mortagne, p. 1,035. — Arm. col., p. 829.)

MARCHAND

D'azur à une croix d'or au chef d'hermines.

Gervais Marchand, prêtre (2).
(*Elect. de Mortagne, p. 1,010. — Arm. col., p. 799.*)

(1) Famille d'ancienne noblesse, semblant originaire de la partie de la Normandie qui avoisine le Perche.

(2) Chapelain de l'église de Toussaint de Mortagne.

Philippe Marchand, curé de Monceaux.
(*Elect. de Mortagne, p. 1,023. — Arm. col., p. 813.*)

D'azur à un lion d'or au chef d'hermines.

Jacques Marchand, curé de Saint-Ouen.
(*Elect. de Mortagne, p. 1,031. — Arm. col., p. 823.*)

De gueules au lion d'argent, au chef d'hermines.

Louis Marchand, avocat à Nogent-le Rotrou.
(*Elect. de Mortagne, p. 1,049. — Arm. col., p, 843.*)

Margonne

D'or à trois annelets d'azur deux et un.

François Margonne.
(*Elect. de Mortagne, p. 1,026. — Arm. col., p. 817*)

Marolle

Fascé ondé d'or et de sable.

Mathurin Marolle, prêtre (1).
(*Elect. de Mortagne, p. 1,016. — Arm. col., p. 806*)

Martin

D'azur à un chevron d'or accompagné de deux cœurs d'or en chef et d'un chien passant d'argent en pointe.

Jean Martin, curé de Sainte-Croix de Loizé (2).
(*Elect. de Mortagne, p. 1,007. — Arm. col., p. 796.*)

D'azur à un chevron d'or accompagné de deux roses d'argent en chef et d'une couronne d'or en pointe.

René Martin, curé de Champront.
(*Elect. de Mortagne, p. 1.047. — Arm. col., p. 840.*)

De sinople à trois épées d'argent rangées en pal les pointes en bas et un chef d'or.

René Martin, chirurgien.
(*Elect. de Mortagne, p. 1,049. — Arm. col., p. 843*).

(1) Chapelain de l'église de Toussaint de Mortagne.
(2) Curé de Loisé et de Sainte-Croix de Mortagne, sa succursale.

Massot

De gueules à une bande d'or.

Zacharie Massot, greffier de l'élection de Mortagne.
(*Elect. de Mortagne, p. 1,238. — Arm. col., p. 1,004.*)

D'azur à un chevron d'or.

Pierre Massot, huissier-audiencier au baillage de Bellême.
(*Elect. de Mortagne, p. 1,251. — Arm. col., p. 1,011.*)

D'argent à un pal de sable chargé d'une roue d'or.

Pierre Massot, prêtre, curé de Boissy-Maugis.
(*Elect. de Mortagne, p. 1,285. — Arm. col., p. 1,038.*)

Mathis

D'argent à une bande de sable chargée de trois étoiles d'or.

Léonard Mathis, curé de Saint-Victor-de-Réno.
(*Elect. de Mortagne, p. 1,029. — Arm. col., p. 820.*)

Maujan

D'azur à un lion d'argent tenant en sa patte dextre une croix d'or.

René Maujan, curé de Saint-Germain-de la-Coudre.
(*Elect. de Mortagne, p. 1,055.*)

Maupain

D'argent à trois tourteaux de sable.

Jean Maupain.
(*Elect. de Mortagne, p. 1.048. — Arm. col , p. 841.*)

Menard

D'azur à trois croix d'or, deux et un, et trois trèfles de même, un et deux.

François Menard, écuyer, sieur de la Barre, représenté par Marie Compain [ou Champion], sa femme.
(*Elect. de Mortagne, p. 430.*)

Voir : *Champion (Marie).*

D'or à une main dextre d'azur supportant un feu de gueules.

Jean-François Menard, écuyer, sieur de la Barre.
(*Elect. de Mortagne, p. 1,037.*)

MENON (DE) (1)

D'or à un chardon fleuri, soutenu d'un croissant de gueules (2).

Jeanne de Menon (3), veuve de Pierre de Raines, écuyer, sieur du Grand-Fay.

(Elect. de Mortagne, p. 283. — Arm. col., p. 267.)

D'or à un château de gueules donjonné de trois tours de même (4).

N... . de Menon, comte de Turbilly.

(*Elect. de Mortagne, p. 1,058.*)

Voir : *Inconnus, n° 15.*

De gueules à trois croissants d'argent, deux et un (5).

Jeanne de Menon, veuve de Pierre de Raines, écuyer, sieur du Grand-Fay.

(Elect. de Mortagne, p. 1,064. — Arm. col., p. 859.)

MEROT

D'or à trois merlettes de sable.

Jean Merot, marchand.

(Elect. de Mortagne, p. 1,043. — Arm. col., p. 835.)

MERY

D'or à un croissant d'azur surmonté d'une croisette de gueules.

Robert Mery, prêtre.

(*Elect. de Mortagne, p. 1,050. — Arm. col., p. 844.*)

MÉRY (DE)

Eustache de Méry.

Voir : *Magny (Charlotte de).*

(1) Voir la généalogie de cette famille, originaire du Forez, publiée par le vte de Broc, qui la suit depuis le XIIIe siècle jusqu'à son extinction en 1776. (Le Mans, Monnoyer, 1882.)

(2) *D'or à un chardon tigé et feuillé de sinople, fleuri au naturel ou de gueules, soutenu d'un croissant de gueules ou d'argent.* (B. N., doss. bl. 442.)

D'or au chardon de sinople à la fleur de gueules, acc. en pointe d'un croissant montant de gueules. (B. N., Chérin, 134)

(3) V. *Arch. de l'Orne*, H. 2,476.

(4) Ecusson de fantaisie.

(5) Cet article, dont le blason est également fantaisiste, fait évidemment double emploi avec celui ci-dessus.

Mesleau

D'or à un arbre de sinople planté dans une rivière d'azur (1).

Henri-Louis Mesleau, curé de Feings.
(*Elect. de Mortagne, p. 1,024. — Arm. col , p. 815.*)

Mesnil (du)

N..... du Mesnil, écuyer.

Voir : *Favié (Anne de).*

Messière (de)

De sable à trois merlettes d'argent.

Claude de Messière, Conseiller de la Maison de feu Monsieur le Prince de Condé.
(*Elect. de Mortagne, p. 995.*)

Mésenge (de)

De gueules à trois merlettes d'or, deux et une.

Gaspard de Mézenges, écuyer.
(*Elect. de Mortagne, p. 1,252. — Arm. col., p. 1,012.*)

De gueules à trois merlettes d'or, à la bordure de sable.

Paul de Mezanges, écuyer, sieur de Saint-Germain.
(*Arm. col., p. 108.*)

Louise de Mesenges, veuve de Jean Lamy, sieur de la Brosse.
(*Arm. col., p. 128.*)

Grégoire de Mezanges, écuyer, sieur de Préaux.
(*Arm. col,, p. 169.*)

Georges de Mezanges, écuyer, sieur de la Guittardière.
(*Arm. col., p. 170.*)

Gabriel de Mézanges, écuyer, sieur des Fontaines.
(*Arm. col., p. 174.*)

Thomas de Mésenges, écuyer, sieur des Ventes.
(*Arm. col., p. 225.*)

François de Mezenges, écuyer, sieur des Landes.
(*Arm. col., p. 12 et 256.*)

Claude de Mézenges, écuyer, sieur de la Vallée.
(*Arm. col., p. 256.*)

(1) L'arm. col. porte : *Dans une rivière de même.*

LA MONDIÈRE (DE)

D'argent au chevron de gueules accompagné de trois têtes de faucon de même, deux et une.

François de la Mondière, écuyer, seigneur de la Cornière.
(Arm. col., p. 33.)

Gabriel de la Mondière, écuyer, seigneur du Valrimbert.
(Arm. col., p. 51.)

Gabriel de la Mondière, écuyer, seigneur de Belleville.
(Arm. col., p. 52.)

François de la Mondière, écuyer, seigneur de Lignères.
(Arm. col., p. 193.)

Anselme de la Mondière, écuyer, seigneur de la Vignère.
(Arm. col., p. 194.)

D'argent à trois fasces d'azur.

N..... de la Mondière, fille.
(Arm. col., p. 1.106.)

D'argent à un chevron de gueules accompagné en chef de deux étoiles de même et en pointe d'un monde d'azur cintré et croisé d'or (1).

Charles de la Mondière, écuyer, sieur de la Peronnière.
(Elect. de Mortagne, p. 1,000. — Arm. col., p. 789.)

MOREAU

D'argent à un chevron d'azur accompagné en pointe d'une tête de more de sable.

Marie Moreau, veuve de Jean Guérout, écuyer, sieur de Malnos.
(Elect. de Mortagne, p. 1,249. — Arm. col., p. 1,009.)

De gueules à une bande d'or chargée d'un arc d'azur.

François Moreau, officier au grenier à sel de Mortagne.
(Elect. de Mortagne, p. 1,289. — Arm. col., p. 1,042.)

MORLET

D'or au chevron de gueules, accompagné en pointe d'une tête de more de sable.

Claude Morlet, curé de Barville.
(Elect. de Mortagne, p. 1,004. — Arm. col., p. 798.)

(1) Blason fantaisiste.

MORTAGNE (ville de).

D'or à trois brins ou branches de fougère de sinople, deux et un.

(Elect. de Mortagne, p. 429. — Arm. col., p. 281.)

MORTAGNE (corporations, communautés)

D'or à un fuseau de gueules couvert de laine filée d'argent.

La communauté des marchands de fil d'étain à Mortagne.

(Elect. de Mortagne, p. 1,005. — Arm. col., p. 795.)

Parti au 1er de gueules à un couteau à pied d'argent emmanché d'or; au 2e de sable à un tranchet d'argent et emmanché d'or.

La communauté des cordonniers et des savetiers de Mortagne.

(Elect. de Mortagne, p. 1,005 — Arm. col., p. 795.)

D'azur à un compas d'argent ouvert en chevron, accompagné en chef d'un maillet d'argent, à senestre et en pointe d'un rabot d'or.

La communauté des chausumiers, maçons, charpentiers et couvreurs de Mortagne.

(Elect. de Mortagne, p. 1,006. — Arm. col., p. 795.)

D'argent à un marteau de sable.

La communauté des ferronniers de Mortagne.

(Elect. de Mortagne, p. 1,006. — Arm. col., p. 795.)

D'argent à un chapeau de sable accosté de deux fleurs de lys d'azur.

La communauté des chapeliers de Mortagne.

(Elect. de Mortagne, p. 1,006. — Arm. col. p. 795)

De sable à une pierre à aiguiser d'argent, adextrée d'une lancette de même emmanchée d'or, et senestrée d'un rasoir ouvert aussi d'argent et emmanché d'or.

La communauté des barbiers, perruquiers et couteliers de Mortagne.

(Elect. de Mortagne, p. 1,006. — Arm. col., p. 796.)

D'or à un sabot de gueules garni de son fer d'argent posé en fasce, accompagné en chef de deux roues aussi de gueules et en pointe d'un maillet de sable.

La communauté des charrons, menuisiers, tourneurs et sabotiers de Mortagne.

(Elect. de Mortagne, p. 1,007. — Arm. col., p, 796.)

D'azur à un marteau d'or surmonté d'une fleur de lis de même.

Le corps des officiers des eaux et forêts de Mortagne.
(Elect. de Mortagne, p. 1,007. — Arm. col., p. 797.)

D'azur à deux bouteilles d'or, en chef, et d'un baril de même cerclé de sable posé en pointe.

La communauté des cabaretiers et vendeurs d'eau-de-vie de Mortagne.
(Elect. de Mortagne, p. 1,008. — Arm. col., p. 797.)

D'or à une navette de sable, la bobine garnie d'argent.

La communauté des tisserands de Mortagne.
(Elect. de Mortagne, p. 1,008. — Arm. col., p. 797.)

D'or à une pièce d'étamine de gueules, attachée aux deux bouts avec des rubans d'argent, posée en fasce, accompagnée de trois cordes de sable, deux en chef et une en pointe.

La communauté des cardeurs, tireurs d'étain et étaminiers de Mortagne.
(Elect. de Mortagne, p. 1.011. — Arm. col., p. 801.)

De gueules à un fusil d'argent posé en pal.

La communauté des bouchers de Mortagne.
(Elect. de Mortagne, p. 1,015. — Arm. col., p. 806).

D'azur à deux gants d'argent en chef et en pointe des ciseaux d'or ouverts en sautoir.

La communauté des tailleurs et gantiers de Mortagne.
(Elect. de Mortagne, p. 1,018. — Arm. col., p. 808.)

De gueules à une croix losangée d'argent et d'azur cantonnée au 1er d'une selle d'argent ; au 2e d'un marteau d'or ; au 3e d'un paquet de cordes d'argent ; au 4e d'un collier de cheval d'or.

La communauté des selliers, bourreliers, filassiers, cordiers et vitriers de Mortagne.
(Elect. de Mortagne, p. 1,025. — Arm. col., p. 816.)

D'argent à une aune d'azur marquée d'or posée en pal.

La communauté des drapiers de Mortagne.
(Elect. de Mortagne, p. 1,027. — Arm. col., p. 818.)

D'azur à trois fleurs de lys d'or, à la lettre M capitale d'argent posée en cœur.

Le corps des officiers de l'élection de Mortagne.
(Elect. de Mortagne, p. 1077. — Arm. col., p. 423.)

De sable à un chaudron d'or, accompagné en chef de deux paquets de chandelles d'argent.

La communauté des ciriers et chandeliers de Mortagne.
(*Elect. de Mortagne, p. 1,223. — Arm. col., p. 992.*)

D'azur à une toison d'or étendue en chef, accompagnée en pointe de deux couteaux de tanneurs d'argent emmanchés d'or et passés en sautoir.

La communauté des tanneurs, corroyeurs et mégissiers de Mortagne.
(*Elect. de Mortagne, p. 1,241. — Arm. col., p. 1,006.*)

D'azur à une barre d'argent chargée d'un clou de gueules.

Le corps des officiers du bailliage de Mortagne.
(*Elect. de Mortagne, p. 1,286. — Arm. col., p. 1,038*)

D'or à une barre de sinople (1) *chargée d'un arc d'argent.*

La communauté des frères de la charité de Saint-Jean de Mortagne.
(*Elect. de Mortagne, p. 1.291. — Arm. col., p. 1,044.*)

D'argent à un pal d'azur chargé d'un cœur d'or.

La communauté des frères de la charité de Notre-Dame de Mortagne.
(*Elect. de Mortagne, p. 1.290. — Arm. col., 1.044.*)

D'or à un Saint-Cosme et un Saint-Damien de carnation vêtus de sable, et tenant une spatule de gueules et une boîte ouverte de même.

La communauté des chirurgiens, apothicaires, droguistes de Mortagne.
(*Elect. de Mortagne, p 1,007. — Arm. col., p. 796.*)

D'azur à une aune d'argent posée en fasce accompagné de six de même, trois en chef et trois en pointe.

La communauté des commissionnaires de toiles de la ville de Mortagne.
(*Arm. col., p. 907.*)

MORTAGNE (couvents, monastères, etc.)

D'argent à une croix pattée dont le montant est de gueules et la traverse d'azur.

Le couvent de Saint-Eloi, ordre de la Sainte-Trinité des Mathurins.
(*Elect. de Mortagne, p. 364. — Arm. col., p. 421.*)

(1) L'arm. col. donne : *De sable.*

D'azur à un chevron d'argent, accompagné en chef de deux fleurs de lys d'argent et en pointe d'un croissant d'argent.

Le Chapitre de Toussaint.
(Elect. de Mortagne, p. 364. — Aom. col., p. 253.)

D'azur à une main d'argent soutenant un cœur de gueules, percé d'une flèche d'or.

Le prieuré de la commanderie de Chartrage.
(Elect. de Mortagne, p. 279.)

Moucheron (de)

D'argent à une fleur de lys d'azur partie, coupée ou brisée en dix pièces.

René de Moucheron (1), écuyer, sieur de Chamthiery.
(Elect. de Mortagne, p. 262. — Arm. col., p. 118.)

Voir : *Tauroy (Marguerite de).*

Charles de Moucheron (2), sieur du Plessis.
(Elect. de Verneuil., p. 225. — Arm. col., p. 93.)

Charles-Pierre de Moucheron (3), écuyer, seigneur du Boullay,
(Elect. de Verneuil, p. 220.)

Charles de Moucheron (4), écuyer, sieur de Chamthiéry.
(Elect. de Verneuil, p. 219. — Arm. col., p. 74)

Jean-Baptiste-Gaston de Moucheron, sieur de la Meslière, ci-devant lieutenant dans le 3e bataillon du régiment de Provence.
(Elect. de Verneuil, p. 512. — Arm. col. p. 898.)

De sinople à la bande d'argent chargée d'un arc de sable.

René de Moucheron, écuyer, sieur des Roulis.
(Arm. col., p. 1.062.)

(1) Il épousa Marguerite de Tauroy, demt à Guillebaut, psse de Moutiers. (B. N. car. d'Hoz., 455.)

(2) Baptisé le 1er juin 1651, à la paroisse de Ste-Madeleine de Verneuil. Il épousa, le 10 février 1676, Marie Sanson, fils de Noël Sanson, écr, sr du Boisrichard, vicomte de Verneuil, et de Jeanne Baultier. (B. N. doss. 476.)

(3) Fils de Gabriel de Moucheron, sr du Boullay, Maubisson, Nuissemant, du Nouvet, et de Marie de la Goupillière. Il épousa, le 15 juillet 1665, Madeleine Le Grand, fille de Me Vallere Le Grand, Vicomte de Laigle et de Marie Le Conte. (B. N. Car. d'Hoz. 455.)

(4) Il fut accordé avec Marie Baultier, fille de Michel Baultier, sr d'Indreville, et de Marie de Bray, le 21 juillet 1677. Fils de René de Moucheron et de Madeleine Le Grand (id. id.). D'après les archives de la

MOUCHET (DU)

D'argent à trois hures de sanglier arrachées de sable.

Gilles du Mouchet, écuyer, seigneur de Beaulieu (1), représenté par sa veuve Madeleine de la Borde.
(*Elect. de Mortagne, p. 266.*)

Henry-Claude du Mouchet, écuyer, sieur de la Mouchetière.
(*Elect. de Chartres, p. 77.*)

D'argent à trois hures de sanglier arrachées de sable défendues d'argent, deux et une.

François du Mouchet, écuyer, sieur des Marais.
(*Elect. de Mortagne, p. 516. — Arm. col., p. 900.*)

Anne du Mouchet, fille majeure.
(*Elec. de Mortagne, p. 517. — Arm. col., p. 1,106.*)

D'argent à trois hures de sanglier de sable, deux et une.

Jacques du Mouchet, écuyer, sieur de Montimert.
(*Elect. de Mortagne, p. 663. — Arm. col., p. 422.*)

D'argent à une barre de gueules chargée d'une quintaine d'or (2).

Jean-Germain du Mouchet, écuyer.
(*Elect. de Mortagne, p. 1,285. — Arm. col., p. 1,038.*)

Gilles du Mouchet, écuyer. Voir : *Marie de la Borde.*

D'argent à un chevron de sable, accompagné de trois mouchetures d'hermine de même.

[Marie] du Mouchet, veuve de [Jacques-Joseph] des Faveris, écuyer.
(*Elect. de Mortagne, p. 1,014. — Arm. col., p. 43 et 804.*)

Voir : *Faveris [Jacques-Joseph des].*

Germain du Mouchet, écuyer, Voir : *Bouchet [Jeanne du].*

MOUSSET (DU)

Marie du Mousset. Voir : *Courtin [François].*

famille conservées au château de Maisonmaugis, ce Charles serait fils de René de Moucheron, éc^{r}, sg^{r} de Champthierry, et de Marguerite de Voré.

(1) Dem^{t} en la paroisse de St-Quentin-le-Petit, élect. de Mortagne, fils de François du Mouchet et de Hélène le Boulleur. Il épousa, le 9 juin 1694, Madeleine de la Borde.

(2) Blason fantaisiste.

Moustiers (de)

D'or à trois chevrons de gueules.

Marguerite de Moustiers, épouse de Pierre-Henry Chrestien, écuyer, sieur de Saint-Vincent.
(*Elect. de Mortagne, p. 264. — Arm. col., p. 816.*)

D'argent à trois chevrons de sable.

Marguerite de Moustiers, veuve de Chrestien, écuyer, sieur de Saint-Vincent (1).
(*Elect. de Mortagne, p. 1,024.*)

Moutton

D'argent au chevron de sable accompagné en chef de deux étoiles et en pointe d'un épi de même.

Marguerite Moutton, femme de Claude de Fontenay, écuyer, sieur de Soizé.
(*Elect. de Mortagne, p. 279.*)

Naudin

De gueules à une épée d'argent en pal la pointe en bas.

Charles Naudin, lieutenant des bourgeois de Nogent-le-Rotrou.
(*Elect. de Mortagne, p. 1,034. — Arm. col., p. 826.*)

Naujau

D'azur au lion d'argent.

René Naujau, curé de Saint-Germain-de-la-Coudre.
(*Arm. col., p. 849.*)

Neveu.

D'or à une croix ancrée d'azur.

René Neveu, prêtre curé de Theligny.
(*Elect. de Mortagne, p. 1,243. — Arm. col, p. 1,008*).

Louis Michel Neveu. Voir : *Lissarague (Louise de).*

Le Neveu

De gueules à six billettes d'argent, trois, deux et une.

Jean Le Neveu, sieur de la Buschaire, président au grenier à sel de Bellême.
(*Elect. de Mortagne, p. 1,002. — Arm. col, p. 790.*)

(1) Double emploi évident avec le n° précédent.

NION

De sable à trois coquilles d'or, deux et une.

Charles Nion, procureur fiscal.
(Elect. de Mortagne, p. 1,055.)

NOGENT-LE-ROTROU (corporations, communautés...)

D'azur à un Saint-Eloi, vêtu en évêque tenant un marteau de la main dextre et une crosse de la senestre, le tout d'or.

La communauté des ferronniers, couteliers, maréchaux de Nogent-le-Rotrou.
(Elect. de Mortagne, p. 1,044. — Arm. col., p. 837.)

D'azur à une selle à dextre, un collier de cheval à senestre, le tout d'or.

La communauté des selliers de Nogent-le-Rotrou.
(Elect. de Mortagne, p. 1,044. — Arm. col., p. 837.)

D'argent à deux bouteilles de gueules, en chef et un baril de sable cerclé d'or en pointe.

La communauté des cabaretiers de Nogent-le-Rotrou.
(Elect. de Mortagne, p. 1,044. — Arm. col., p. 837.)

D'azur à un Saint-Maurice à cheval d'or accompagné en chef de deux cordes d'argent.

La communauté des telonniers, teinturiers et cardeurs de Nogent-le-Rotrou.
(Elect. de Mortagne, p. 1,045. — Arm. col. p. 837.)

D'argent à une navette de gueules posée en pal.

La communauté des sergers et étaminiers de Nogent-le-Rotrou.
(Elect. de Mortagne, p. 1,045. — Arm. col., p. 837.)

De sable à une truelle à dextre, un marteau à senestre, le tout d'or.

La communauté des maçons et potiers de Nogent-le-Rotrou.
(Elect. de Mortagne, p. 1,045. — Arm. col., p. 838.)

D'azur à un rabot d'or, accompagné en chef d'un compas ouvert d'argent et en pointe d'une échelle couchée de même.

La communauté des charpentiers, couvreurs et menuisiers de Nogent-le-Rotrou.
(Elect. de Mortagne, p. 1,046. — Arm. col., p. 839.)

D'azur à des ciseaux d'or ouverts en sautoir.

La communauté des tailleurs de Nogent-le-Rotrou.
(*Elect. de Mortagne, p. 1,048. — Arm. col., p. 841.*)

De gueules à une pelle de four d'argent chargée de trois pains de gueules.

La communauté des boulangers de Nogent-le-Rotrou.
(*Elect. de Mortagne, p. 1,051. — Arm. col., p. 845.*)

D'azur à deux couteaux de tanneur d'argent emmanchés d'or passés en sautoir, accompagnés en chef et en pointe d'un couperet d'argent, et aux flancs d'un tranchet à dextre d'argent emmanché d'or, et d'un couteau à pied à senestre d'argent emmanché d'or.

La communauté des bouchers, tanneurs, corroyeurs, cordonniers et savetiers de Nogent-le-Rotrou.
(*Elect. de Mortagne, p. 1,051. — Arm. col., p. 845.*)

D'azur à un cheval d'argent passant sur une terrasse de sinople surmonté de trois poulets d'or rangés en chef.

La communauté des poulaillers et autres voituriers de Nogent-le-Rotrou
(*Elect. de Mortagne, p. 1,052. — Arm. col., p. 845.*)

De gueules à une aune d'argent marquée de sable posée en fasce.

La communauté des drapiers de Nogent-le-Rotrou.
(*Elect. de Mortagne, p. 1,053. — Arm. col., p. 846.*)

D'argent à un Saint-Cosme et un Saint-Denys de carnation vêtus d'une robe de sable, adextrés d'une boîte couverte de gueules, senestrés d'un rasoir d'azur emmanché de sable, ouvert et posé en pal, et accompagné en pointe d'une paire de ciseaux aussi d'azur.

La communauté des apothicaires, chirurgiens, barbiers et perruquiers de Nogent-le-Rotrou.
(*Elect. de Mortagne, p. 1,052. — Arm. col., p. 846.*)

De sable à une aune d'argent marquée de sable posée en fasce, accompagné en pointe d'une paire de ciseaux d'argent.

La communauté des commissionnaires de serge et d'étamines.
(*Elect. de Mortagne, p. 1,054. — Arm. col., p. 848.*)

De gueules à une croix d'or.

L'officialité de Nogent-le-Rotrou.
(*Elect. de Mortagne, p. 1,057. — Arm. col., p. 852.*)

D'azur à deux balances d'or surmontées de deux paquets de chandelles d'argent.

La communauté des merciers, ciriers et chandeliers de Nogent-le-Rotrou.
(Elect. de Mortagne, p. 1,235. — Arm. col., p. 1,001.)

De sinople à une fasce d'argent chargée d'une quintaine de sable.

La communauté des Frères de la Charité de Saint-Hilaire de Nogent-le-Rotrou.
(Elect. de Mortagne, p. 1,287. — Arm. col., p. 1,039.)

NOGENT-LE-ROTROU (couvents, monastères. etc.....)

D'azur à une Vierge tenant le petit Jésus, d'argent.

Monastère de Notre-Dame de Nazareth.
(Elect. de Mortagne, p. 289. — Arm. col. p. 385.)

D'azur à un lis de jardin d'argent.

Couvent des Ursulines.
(Elect. de Mortagne, p. 289. — Arm. col., p. 385.)

D'azur à deux clefs en sautoir d'or, et une épée en pal de même.

Le prieuré de Saint-Denis.
(Elect. de Mortagne, p. 289. — Arm. col., p. 361.)

De gueules à un agneau paschal d'argent.

Le chapitre de Nogent-le-Rotrou.
(Elect. de Mortagne, p. 1,052. — Arm. col., p. 846.)

NOGENT-LE-ROTROU

D'azur au lion d'or accosté de deux fleurs de lis d'argent.

La ville de Nogent-le-Rotrou.
(Arm. col., p. 482.)

LE NORMAND

D'azur, coupé d'une mer d'argent ombrée de sable, au loup d'argent nageant et sortant de cette mer, tirant au canton dextre du chef où est une étoile d'or.

Robert Le Normand, sieur d'Arbois.
(Elect. de Mortagne, p. 264. — Arm. col., p. 119.)

Noyau

D'argent à un cerisier de sinople fruité de gueules.

Jacques Noyau, curé de Saint-Germain-des-Groyes.
(Elect. de Mortagne, p. 1,059. — Arm. col., p. 853.)

Olivier

D'azur à un olivier d'or fruité de sinople.

Alexandre Olivier, curé de Parfondeval.
(Elect. de Mortagne, p. 1,020. — Arm. col., p. 811)

D'or à six tourteaux de gueules, trois, deux et un.

Rodolphe Ollivier (1), substitut du procureur du roi au baillage de Mortagne.
(Elect. de Mortagne, p. 1,257. — Arm. col., p. 1,020.)

Ozan

De sable à un sautoir d'argent.

Jacques Ozan, chanoine de Saint-Jean de Nogent-le-Rotrou.
(Elect. de Mortagne, p. 1,001. — Arm. col., 789.)

Pancé

D'argent à trois croix ancrées de sinople.

François Pancé, curé de Bellou-le-Trichard.
(Elect. de Mortagne, p. 1,012. — Arm. col., p. 802.)

Parceval

D'azur à trois chevrons d'argent.

Pierre Parceval, conseiller du Roi, maire perpétuel et lieutenant général et particulier de la ville de Nogent-le-Rotrou.
(Arm. col., p. 483.)

Paris

D'azur à un chevron d'or.

Jean Paris, garde de la forêt de Bellême.
(Elect. de Mortagne, p. 1,233. — Arm. col., p. 999.)

(1) Il épousa Marguerite Gobillon. *(Minutes de Me Heudeline, notaire à Mortagne.)*

D'or à une fasce de gueules chargée d'un clou d'argent.

Jean Paris, ancien garde marteau en la maîtrise des eaux et forêts de Bellême.

(Elect. de Mortagne, p. 1,287. — Arm. col., p. 1,040)

Pasquier

D'or à un chevron d'azur accompagné de trois quintefeuilles de gueules.

Martin Pasquier, curé des Mesnus.

(Elect. de Mortagne, p. 1,050. — Arm. col., p. 844).

Pastis (du)

D'argent à deux ancres passées en sautoir de sable, écartelé d'azur à trois fasces d'or.

Jacques-François du Pastis (1), écuyer, procureur du roi au baillage, vicomté et maréchaussée du Perche.

(Elect. de Mortagne, p. 262. — Arm. col., p. 437.)

Voir : *Inconnus, n° 30.*

Pelard

De gueules à trois besants d'argent deux et un

[Marguerite Pelard], femme de Jacques Abot, écuyer, sieur de Champs.

(Elect. de Mortagne, p. 1,025.)

Perche

D'argent à deux bâtons d'azur semés de fleurs de lys d'or passés en sautoir, et surmontés d'une couronne royale de gueules enrichie d'or.

Le corps des officiers de la maréchaussée du Perche.

(Elect. de Mortagne, p. 1,010. — Arm. col., p. 800.)

Perche (du)

De gueules à un lion d'argent.

Jean du Perche.

(Elect. de Mortagne, p. 1,225. — Arm. col., p. 994)

(1) Sieur du Moncolain et de la Torinière, échevin de Mortagne, fils de Guillaume du Pastis et d'Agnès de Vallée. L'acte d'installation et de prise de possession de sa charge de procureur, dont jouissait auparavant son père, est du 30 mai 1665. *(B. N., cab. d'Hoz, 262.)*

Perier

De sable à un chevron d'argent chargé de trois roses de gueules et accompagné de trois croissants d'argent.

Jean-Baptiste-Gaston Perier, écuyer, sieur de la Chevalerie.
(*Elect. de Mortagne, p 287. — Arm. col., p. 111.*)

D'argent à un poirier de sinople fruité d'or.

Jean Perier, curé de Saint-Hilaire (1).
(*Elect. de Mortagne, p. 1,023. — Arm. col., p. 814.*)

Pervenchères (prieuré de)

D'or à un bâton prieural de sable accosté de six feuilles de pervenches de sinople posées en pal, trois de chaque côté.
(*Elect. de Mortagne, p. 1,060. — Arm col. p. 855*)

Pesseau

De gueules à deux pals d'argent.

René Pesseau, conseiller du roi et son procureur à Nogent-le-Rotrou.
(*Elect. de Mortagne, p. 1,063. — Arm. col., p. 857.*)

Petitgas

D'argent à un bourdon d'azur.

Gabriel Petitgas, marchand à Nogent-le-Rotrou.
(*Elect. de Mortagne, p. 1,033 — Arm. col., p. 825.*)

Jacques Petitgas, greffier des rolles.
(*Elect. de Mortagne, p. 1,040. — Arm. col., p. 833.*)

Voir : *Fournier (Marguerite).*

D'azur à trois têtes d'aigle d'argent.

Joseph Petitgars, bailly de Ceton.
(*Elect. de Mortagne, p. 1,055.*)

Jean Petitgars, curé de Saint-Cyr.
(*Elect. de Mortagne, p. 1.063. — Arm. col., p. 857.*)

D'azur à trois sautoirs d'argent.

Pierre Petitgars, prêtre, curé de Colonard.
(*Elect. de Mortagne, p. 1,237. — Arm. col., p. 1,003.*)

(1) Lès-Mortagne.

De gueules à trois étoiles d'or.

Noël Petitgars, notaire royal à Bellême.

(Elect. de Mortagne, p. 1,244. — Arm. col., p, 1,014.)

Joseph Petitgas, conseiller du roi, président en l'Election de Mortagne.

Voir : *Bouvrée (Marthe).*

De gueules à une bande ondée d'or.

[Marie-Marthe Petigars], femme de Samuel de Tascher, écuyer, sieur de Pouvray.

(Elect. de Mortagne, p. 1,255. — Arm. col , p. 1,018.)

PEUVRET

De gueules à une bande d'or accompagnée de deux lions passants de même.

Isaïe Peuvret (1), avocat et procureur du roi aux eaux et forêts de Bellême.

(Elect. de Mortagne, p. 432. — Arm. col., p 440.)

PHILIPE

D'or à une aigle de sable, à un chef de gueules, chargé de deux croisettes d'argent.

Jacques Philipe, écuyer, sieur de Beuville, conseiller du roi, lieutenant-général de la vicomté de Mortagne.

(Elect. de Mortagne, p. 259. — Arm. col., p. 383.)

Voir: *Inconnus, n° 18.*

PHILIPPE

D'argent à une tête de lion arrachée de sable, lampassée de gueules.

Mathieu Philippe, curé de Coulonges.

(Elect. de Mortagne, p. 1,045. — Arm. col., p. 838.)

Jacques Philippe, curé de Saint-Martin-du-Dou

(Elect. de Mortagne, p 1,054. — Arm. col., p. 848.)

(1) Sieur de Beaulieu.

PIEDEVACHE

D'or à deux vaches de gueules passantes l'une sur l'autre.

Nicolas Piedevache, écuyer, sieur du Bois-Buisson, garde de S. A. R. Monsieur.

(Elect. de Mortagne, p. 997.)

PIGASSE

D'or à trois pies au naturel, deux et un.

François Pigasse, marchand.

(Elect. de Mortagne, p. 1,084. — Arm. col., p. 827.)

PILLIERS (DE)

D'azur au chevron d'or.

François de Pilliers, écuyer, sieur de la Brosse-Gentilly.

(Arm. col., p. 406.)

PILLON

D'azur à trois colonnes d'argent rangées sur une terrasse de sable.

Marguerite Pillon, femme de Jean Regnault.

(Elect. de Mortagne, p. 1,044. — Arm. col., p. 836.)

PIN (DU)

D'azur à un chevron d'argent accompagné de trois pommes de pin de même.

Hiérosme du Pin, conseiller et procureur du Roi, au baillage du Perche, à Bellême.

(Elect. de Mortagne, p. 364. — Arm. col. p. 381.)

LE PIN

(Communauté des frères de la charité)

De gueules à un sabre d'argent posé en pal.

(Elect. de Mortagne, p. 1,289. — Arm. col., p. 1,042.)

LA PLANCHE (DE)

De gueules à un pal d'argent.

Constance de la Planche, veuve de Antoine des Bretignières, écuyer.

(Elect. de Mortagne., p. 1,254. — Arm. col., p. 1,018.)

PLARD

De gueules à un chevron d'argent.

Pierre Plard (1), élu à Mortagne.
(Elect. de Mortagne, p. 1,020. — Arm. col., p. 810.)

Voir : *Guillé (Marguerite).*

POISSON

D'azur à trois poissons d'argent, en fasce, l'un sur l'autre.

Jacques Poisson, sieur de Nuizement.
(Elect. de Mortagne, p. 1,015. — Arm. col, p. 805.)

POITTEVIN

D'azur à une fasce d'or accompagnée de trois besants d'or, deux en chef, un en pointe.

Mathieu Poittevin, notaire.
(Elect. de Mortagne, p. 1,033. — Arm. col, p. 825).

PORTAIL (DU)

D'or à une fasce d'azur chargée de trois têtes de léopard d'argent.

René du Portail, écuyer, sieur de Juin.
(Elect. de Mortagne, p. 287. — Arm. col., p. 111.)

De gueules à une bande d'argent.

Rodolphe du Portail, écuyer, sieur de la Benardière (2).
(Elect. de Mortagne, p. 1,251. Arm. col., p. 1,011.)

PORTES

Losangé d'or et d'azur.

Jean Portes, curé de Brunelles.
(Elect. de Mortagne, p 1,043. Arm. col., p. 835.)

POSTÉ

D'azur à une tour d'argent.

Nicolas Posté, curé de Pervenchères.
(Elect. de Mortagne, p. 1,032. Arm. col., p. 824.)

(1) Sieur de la Hugotière.

(2) Il épousa Renée Bernier. (*Minutes de Me Heudeline, notaire à Mortagne.*

POULARD

D'or à une fasce de gueules, chargée de trois besans d'argent.

[Marie-Rose Poulard], femme de Denis Gobillon, conseiller du roi, procureur du bailly en l'élection de Mortagne.

(Elect. de Mortagne, p. 1,255. Arm. col., p. 1,019.)

POULLARD

D'azur à trois têtes de coq d'or posées deux et une.

Antoine Poullard, curé de Bivilliers.

(Elect. de Mortagne, p. 1,021. Arm. col., p. 812.)

POUPINE

D'azur à un griffon d'or.

Jean Poupine, huissier-audiencier en la vicomté de Bellême.

(Elect. de Mortagne, p. 1,248. Arm. col., p. 1,016.)

LE PRINCE

D'argent à un lion de gueules.

Henry Le Prince, avocat à Bellême.

(Elect. de Mortagne, p. 1,229. Arm. col, p. 996.)

PROUAIS (DE)

Bandé d'argent et d'azur de six pièces.

Françoise de Prouais, veuve de René-Louis Rousseau.

(Elect. de Mortagne, p. 1,051. Arm. col, p. 845.)

PRULAY (DE)

D'argent à deux léopards de sinople, lampassés de gueules, l'un sur l'autre.

Jean de Prulay, lieutenant particulier du baillage du Perche, à Bellême.

(Elect. de Mortagne, p. 1,001. — Arm. col. p. 790.)

PUISAYE (DE)

D'azur à deux lions passant l'un sur l'autre d'or, lampassés et armés de gueules.

Charles Richard de Puisaye, écuyer, seigneur de Puisaye, conseiller du roi, président et lieutenant général au baillage du Perche à Mortagne.

(Elect. de Mortagne, p. 261. — Arm. col., p. 381.)

Voir : *Inconnus, n° 10.*

René de Puisaye (1), éc[r], sg[r] de la Mesnière et de la haute justice de Longpont.

(Elect. de Mortagne, p. 265. — Arm. col. p. 285.)

Marie de Puisaye, veuve de Pierre de Bailleul, éc[r], s[r] de Percey.

(Elect. de Verneuil, p. 225. — Arm. col., p. 219.)

Charles de Puisaye (2), éc[r], s[r] de Beaufossé.

(Elect. d'Alençon, p. 345. — Arm. col., p. 240.)

D'argent à trois aigles de gueules, deux et un.

Marie de Puisaye, veuve de N... de Lompré, éc[r].

(Elect. de Mortagne, p. 1,223. — Arm. col., p. 993.)

Raines

Pierre de Raines.

Voir : *Menon (Jeanne de).*

Ravaudière

D'azur à trois bandes d'or.

Louis Ravaudière, marchand à Nogent-le-Rotrou.

(Elect. de Mortagne, p. 1,034. — Arm. col., p. 826.)

Pierre Ravaudière.

(Elect. de Mortagne, p. 1,040. — Arm. col, p. 832.)

François Ravaudière.

(Elect. de Mortagne, p. 1,040. — Arm. col, p. 833).

Raveton (de)

D'azur à une fasce d'argent supportant un léopard d'or.

Anne de Raveton, veuve de François Roger, écuyer, sieur de la Bretonnière.

(Elect. de Mortagne, p. 431. — Arm. col., p. 349.)

(1) Il épousa Marie Abot. (*B. Nat., car. d'Hoz., 518.*)

(2) Fils de Jacques de Puisaye et de d[lle] Louise Ménard, baptisé le 17 mars 1665, marié le 13 déc. 1694 à d[lle] Marie de Vailliant. *(B. N., car. d'Hoz., 518.)*

Rebours

D'or à un lion contourné de sable.

Pierre Rebours.
(Elect. de Mortagne, p. 1,048. — Arm. col., p. 836.)

D'azur à un lion contourné d'or.

Pierre Rebours, écuyer, garde du corps.
(Elect. de Mortagne, p. 1,059. — Arm. col., p. 854.)

Regmalard

(communauté des Frères de la Charité de)

D'argent à un pal de gueules chargé d'une quintaine d'or.
(Elect. de Mortagne., p. 1,288. — Arm. col., p. 1,041.)

Regnaut

D'or à une fasce d'azur accompagnée de trois losanges de gueules.

Thomas-René Regnaut, prêtre.
(Elect. de Mortagne, p. 1,012. — Arm. col., p. 802.)

Echiqueté d'argent et de gueules.

Jacques Regnault, curé d'Origny-le-Roux.
(Elect. de Mortagne, p. 1,250. Arm. col., p. 1,010.)

D'argent à une fasce de sinople chargée d'un lambel à trois pendants d'or.

Pierre Regnault, ci-devant notaire royal à Bellême.
(Elect. de Mortagne, p. 1.285. — Arm. col., p. 1,038.)

Jean Regnault.

Voir : *Pillon (Marguerite).*

Regnouard

De sable à un griffon d'or.

René Regnouard, greffier des rolles.
(Elect. de Mortagne, p. 1,052. — Arm. col., p. 846.)

Regnoult

De gueules à un chevron d'or accompagné en pointe d'un chien passant d'argent.

Arnoult Regnout, substitut du procureur du roi à Nogent-le-Rotrou.

(*Elect. de Mortagne, p. 1,086. — Arm. col., p. 829.*)

De gueules à une fasce d'or accompagnée de deux losanges de même, un en chef, un en pointe.

Marie Regnout, fille.

(*Elect. de Mortagne, p. 1,065. — Arm. col., p. 1,106*)

De gueules à deux lions affrontés d'argent.

Madeleine Regnoult, veuve de François de Gislain, écuyer, sieur de la Sardinière.

(*Elect. de Mortagne, p. 1,224. — Arm. col., p. 993.*)

De sable à un sautoir d'argent.

René Regnoult (1), lieutenant des eaux et forêts de Bellême.

(*Elect. de Mortagne, p. 1,233. — Arm. col., p. 1,000.*)

Jean Regnoult, avocat en Parlement.

Voir : *Le Royer (Agnès).*

Renel

D'azur à un griffon d'argent.

Jean Renel, greffier et notaire.

(*Elect. de Mortagne, p. 1,062. — Arm. col., p. 857.*)

Rennefort (de)

D'azur à trois couronnes d'or fleurdelisées, deux et une.

Marie de Rennefort, femme de Antoine de la Vove, chevalier, seigneur de Tourouvre.

(*Elect. de Mortagne, p. 659. — Arm. col., p. 419.*)

Renouard (de)

D'argent à un chevron de sable, accompagné en chef de deux mouchetures d'hermines de même, et en pointe d'un croissant de

(1) Sieur de l'Isle.

gueules ; le chevron sommé d'une grue aussi de gueules tenant un caillou d'or dans son pied.

René de Renouard, conseiller du roi en l'élection de Mortagne.
(*Elect. de Mortagne, p. 363. — Arm. col., p. 404.*)

Riants (de)

D'azur à une tour d'argent maçonnée de sable.

Marie de Riants, dame de Regmalard.
(*Elect. de Mortagne, p. 1,056. — Arm. col., p. 850.*)

D'azur à deux bars adossés d'or, semé de trèfles de même.

Marie-Louise de Riants, épouse de Christophe d'Avesgo, éc^r^, s^r^ d'Apnay.
(*Elect. d'Alençon, p. 160.*)

Rivet

D'or à un palmier de sinople accosté de deux cannettes de gueules.

Madeleine Rivet, femme de Pierre Guérin, éc^r^, sg^r^ de Poisieux.
(*Elect. de Mortagne, p. 1,050. — Arm. col., p. 844.*)

Pierre Rivet, procureur du roi à Bellême.

Voir : *Boilleau (Marguerite).*

Robbé

De sable à trois coquilles d'or, deux et une.

Etienne Robbé, greffier des rolles.
(*Elect. de Mortagne, p. 1,034. — Arm. col., p. 826.*)

Rocourt

De gueules à un lion passant d'or.

Catherine Rocourt, femme de Claude de Blanchouin, écuyer, sieur de Haut-Désiré.
(*Elect. de Mortagne, p. 660. — Arm. col., p. 419.*)

Rohard (de)

D'argent à deux fasces de gueules, accompagnées en chef d'une étoile, en flanc de deux quintefeuilles et en pointe d'une épée, le tout d'argent ; l'épée accostée de deux mouchetures d'hermines de sable.

Jacques de Rohard, éc[r], sg[r] de Saint-Hilaire (1).
(Elect. de Mortagne, p. 267. — Arm. col., p. 120.)

Voir : *Inconnus, n° 28.*

Romet

D'azur à un léopard d'or, à une étoile de même en chef.

François Romet, conseiller du roi et receveur du grenier à sel de Mortagne.
(Elect. de Mortagne, p. 279. — Arm. col., p. 337.)

Pierre Romet (2), conseiller du roi et receveur des tailles en l'élection de Mortagne.
(Elect. de Mortagne, p. 279. — Arm. col., p. 337.)

Rondeau

De gueules à trois annelets d'or, deux et un.

Louis Rondeau, curé de Saint-Frogent.
(Elect. de Mortagne, p. 1.003. — Arm. col., 792.)

Rosnivinen (de)

D'or à une hure de sanglier de sable défendue d'argent, arrachée de gueules.

N... de Rosnivinen de Chamboy, écuyer.
(Elect. de Mortagne, p. 267.)

Rotrou

De gueules à six annelets d'or, 3, 2 et 1.

Jean Rotrou, prêtre.
(Elect. de Mortagne, p. 1,062. — Arm. col., p. 357.)

Rouche

D'argent à trois molettes de sable.

Pierre Rouche, notaire royal à Bellême.
(Elect. de Mortagne, p. 1,230. — Arm. col., p. 997.)

(1) Fils de Charles de Rohard. (*B. N., cab. d'Hoz., 296.*)

(2) Sieur des Vaux. Il épousa d[lle] Antoinette du Bouillet. (*Minutes de Me Heudeline, notaire à Mortagne.*)

Pierre Rouche, avocat à Bellême.
(Elect. de Mortagne, p. 1,230. — Arm. col., p. 997.)

Marie Rouche, veuve de Pierre Reneau, notaire à Bellême.
(Elect. de Mortagne, p. 1,230. — Arm. col., p. 997.)

ROUCHÈRE

D'or à un chevron de sinople chargé de trois croisettes d'argent et accompagné de trois roses de gueules.

Etienne Rouchère, curé de Saint-Quentin-de-Blavou.
(Elect. de Mortagne, p 1,004. — Arm. col., p. 793.)

ROULLAIN

D'or à une fasce de gueules.

Marguerite Roullain, veuve de Henry de Suhard, écuyer, sieur de Glatigny.
(Elect. de Mortagne, p. 1,251. — Arm. col., p. 1,011.)

ROUSSEAU

D'azur à trois raisins d'or, deux et un.

Pierre Rousseau, prêtre.
(Elect. de Mortagne, p. 1.052. — Arm. col., p. 845.)

D'argent à trois poissons de gueules en fasce l'un sur l'autre.

Pierre Rousseau.
(Elect. de Mortagne, p. 1,058 — Arm. col., p. 852.)

Louis Rousseau.
(Elect. de Mortagne, p. 1,058. — Arm. col., p. 852.)

René-Louis Rousseau.

Voir : *Prouais (Françoise de).*

ROUSSEAU (DU)

De sable à trois coupes d'or, deux et une.

René-Louis du Rousseau, écuyer, sieur de Villerussière, gentilhomme servant chez le Roi, seigneur de Pierrefixte.
(Elect. de Mortagne, p. 286.)

ROUVRAY

D'argent à une croix de sable cantonnée de quatre coquilles de même.

Mathurin Rouvray, greffier des rolles.
(Elect. de Mortagne, p. 1,016. — Arm. col., p. 806.)

Le Roux

De sinople à un pal d'argent.

Etienne Le Roux, apothicaire et chirurgien à Mortagne.
(*Elect. de Mortagne, p. 1,229. — Arm. col., p. 996.*)

Le Roy

D'azur à un chevron d'or, accompagné de trois couronnes d'or.

Simon Le Roy, curé de Vichères.
(*Elect. de Mortagne, p. 1,002. — Arm. col. p. 791*)

D'azur à une croix d'argent chargée de quatre roses de gueules.

Jean Le Roy, ancien prieur de Longny.
(*Elect. de Mortagne, p. 1,235. — Arm. col., p. 1,001.*)

Henri Le Roy, curé de Longny.
(*Elect. de Mortagne, p. 1,235. — Arm. col., p. 1,001.*)

Jacques Le Roy, curé de Longny.
(*Elect. de Mortagne, p. 1,236. — Arm. col., p. 1,002.*)

Le Royer

De sable à une bande d'or.

Agnès Le Royer, veuve de Jean Regnoult, avocat en Parlement.
(*Elect. de Mortagne, p 1,238. — Arm. col., p. 1,004.*)

Ruffray

D'or à une aigle de sable; au chef d'azur, chargé d'une étoile à six raies d'argent.

Nicolas Ruffray, prêtre, écuyer.
(*Elect. de Mortagne, p. 1,005. — Arm. col. p. 794.*)

De gueules à une bande d'argent chargée de trois merlettes de sable.

Louis de Ruffray, écuyer, sieur du Gué-Laurent.
(*Elect. de Mortagne, p. 1,061. — Arm. col., p. 856*)

Saint-Cir (Notre-Dame de)

Voir : *Inconnus*, nº 25.

SAINT-CLAIR (DE)

D'argent à trois lions de gueules.

François de Saint-Clair, écuyer.

(*Elect. de Mortagne, p. 1,051. — Arm. col., p. 844.*)

SAINT-JULIEN-SUR-SARTHE

D'argent à une barre de sable chargée d'une roue d'or.

La communauté des frères de la charité de Saint-Julien-sur-Sarthe.

(*Elect. de Mortagne, p. 1,288. — Arm. col., p. 1.041.*)

SAINT-MARD-DE-RÉNO

De sinople à une fasce d'or chargée d'un cœur de sable.

La communauté des frères de la charité de Saint-Mard-de-Réno.

(*Elect. de Mortagne, p. 1,289. — Arm. col., p. 1,042.*)

SAINT-MARTIN-DU-VIEUX-BELLÊME (le prieuré de)

D'azur à un bâton prieural d'or, accosté des deux lettres S et M, d'or.

(*Elect. de Mortagne, p. 1,252. — Arm. col., p. 1,011.*)

D'argent à une fasce d'azur, chargée d'une croisette pattée d'or.

La communauté des frères de la Charité de Saint-Martin-du-Vieux-Bellême.

(*Elect. de Mortagne, p. 1,288. — Arm. col., p. 1,041.*)

SAINT-POL (DE)

D'argent au sautoir dentelé de sable (1).

François de Saint-Pol (2), écuyer, seigneur de Mâle, et Augustin-René de Saint-Pol (3).

(*Elect. de Mortagne, p. 282. — Arm. col., p. 22.*)

(1) Supports : *Deux lions d'or ;* cimier : *Une croix haussée d'argent ;* devise : *Absit gloriari nisi ni cruce.* (*B. N., dos. bl., 530.*)

(2) Fils de François de St-Pol et de Mathurine de Rennes. Il épousa le 14 nov. 1656 Marguerite Droüin qui portait : *De sinople au chevron d'argent.* (*B. N., dos. bl., 530.*)

(3) Il épousa Marie-Charlotte Lescuyer, le 24 avril 1693. (*B. N., dos. bl., 530.*)

René de Saint-Pol (1), écuyer, seigneur du Grand-Fay.
(*Elect. de Mortagne, p. 291. — Arm. col., p. 21.*)

François de Saint-Pol.

Voir : *Inconnus, n° 16.*

Augustin de Saint-Pol.
(*Arm. col., p. 58.*)

Voir : *Inconnus, n° 20.*

SAINT-RÉMY (DE)

D'argent à une fasce de sable en échiquet, accompagnée de un brin de fougère de sinople en chef.

Madeleine de Saint-Rémy.
(*Elect. de Mortagne, p. 289.*)

SAINTE-GAUBURGE (prieuré)

D'azur à un bâton prieural d'or posé en pal, accosté des lettres S et G de même.

(*Elect. de Mortagne, p. 1,025. — Arm. col., p. 816.*)

SALLIOT

D'or à un griffon d'azur.

Richard Salliot, greffier des rolles.
(*Elect. de Mortagne, p. 1,022. — Arm. col., p. 813.*)

D'argent à un griffon de sable.

Louis Salliot [ou Salloy], greffier.
(*Elect. de Mortagne, p. 1.047.*)

SAUGERON

Robert Saugeron, greffier.

Voir : *Inconnus, n° 3.*

D'or à une croix de sable.

Jean Saugeron, prêtre, curé de Villiers (2).
(*Elect. de Mortagne, p. 1,257. — Arm. col., p. 1,020.*)

(1) Capitaine au régiment de Piémont, fils de Louis de St-Pol et de Marie Geslain. Il épousa, le 25 janvier 1686, Charlotte de Fresnoy qui portait : *D'or, au sautoir de sable.* (*B. N., dos. bl., 530.*)

(2) Chapelain de Toussaint.

SAULLIÈRE

De gueules à deux plumes à écrire d'argent passées en sautoir.

Paul Saullière, greffier au siège de Bellême.
(*Elect. de Mortagne, p. 1,250. — Arm. col., p. 1,010.*)

SÉGURET

D'or à un pont de gueules sur une rivière d'argent.

Charles Séguret, curé de Lignerolles.
(*Elect. de Mortagne, p. 1,031. — Arm. col., p. 822.*)

SEMALLÉ (DE) (1)

D'argent à une fasce de gueules chargée d'un épervier d'or.

Jacob de Semallé, écuyer, sieur de Bellair.
(*Elect. de Mortagne, p. 663.*)

Louise de Semallé, fille majeure.
(*Elect. de Mortagne, p. 663.*)

N. de Semallé.

Voir : *Surmont (Louise de).*

Abraham de Semallé.

Voir : *Surmont (Louise de).*

SEVEROIS (DE)

D'azur à un chevron d'or accompagné de trois trèfles de même.

Claude de Severois, écuyer, sieur de la Bouvrie.
(*Elect. de Mortagne, p. 363.*)

SOLIGNY

(Communauté des frères de la Charité de)

D'argent à une bande de sinople chargée d'un lambel à trois pendants d'or.

(*Elect. de Mortagne., p. 1,288. — Arm. col., p. 1,041.*)

(1) Les armes de cette noble et ancienne famille, d'origine normande, existant encore en Normandie et au Maine, sont : *d'argent à la bande de gueules accompagnée d'un faucon de sable, armé d'or, posé sur la bande.*

SUHART

D'or à trois fasces de gueules.

Anne Suhart, dite des Vaux, fille.

(Elect. de Mortagne, p. 1.237. — Arm. col., p. 1,109.)

Henry de Suhart, éc^{r}, s^{r} de Glatigny.

Voir : *Roullain (Marguerite).*

SURMONT (DE)

D'argent à un chêne arraché de sinople et un cerf de gueules passant devant le chêne.

Louise de Surmont, veuve de Abraham de Semallé, éc^{s}, s^{r} de Belair.

(Elect. de Mortagne, p. 267.)

Losangé d'or et d'azur.

Louise de Surmont, veuve de N... de Semallé, écuyer.

(Elect. de Mortagne, p 1,252. — Arm. col., p. 1,012.)

Antoinette de Surmont.

Voir : *Broudières (N... des).*

TABOY

De gueules à un sautoir d'argent.

Catherine Taboy, veuve de Grégoire Billard, officier en l'élection de Mortagne.

(Elect. de Mortagne, p. 1,228. — Arm. col., p. 996.)

TALLON

D'azur à trois épis de blé d'or, deux en chef, un en pointe, chacun soutenu d'un croissant d'argent.

Marie Tallon, veuve de François Michelet.

(Elect. de Mortagne, p. 1,013. — Arm. col., p. 803.)

TASCHER (DE)

D'argent à trois fasces d'azur chargées chacune de trois sautoirs d'argent et accompagnées de deux soleils de gueules rangés en chef.

Samuel de Tascher, sg^{r} de Pouvray.

(Elect. de Mortagne, p. 277 et 284. — Arm. col., p. 21 et 244.)

Voir : *Petitgars (Marie-Marthe).*

TAUROY (DE)

D'argent à un lion de gueules.

[Marguerite de Tauroy], femme de René de Moucheron, éc^r, s^r de Chantierry.

(Elect. de Mortagne, p. 1,237. — Arm. col., p. 1,003.)

TEIL (DU)

D'or à trois arbres arrachés de sinople, deux et un.

Nicolas du Teil (1), à Mortagne.

(Elect. de Mortagne, p. 1,017. — Arm. col., p. 807.)

TERTRE (DU)

D'argent à un lion de sable, couronné, armé, lampassé de gueules.

Louis-Alexandre du Tertre, écuyer, s^r de Boisjoulan.

(Elect. de Mortagne, p. 286.)

Alexandre du Tertre, éc^r.

Voir : *Inconnus, n° 13.*

TESSIER

D'azur à un léopard d'or.

Nicolas Tessier, curé du Theil.

(Elect. de Mortagne, p. 1.003. — Arm. col., 792.)

THIBAUT

De sable à un arbre d'or.

Etienne Thibaut (2).

(Elect. de Mortagne, p. 1,009. Arm. col., p. 798.)

THIERRY

D'azur à trois tours d'argent.

Thomas Thierry, curé de Courtoulain.

(Elect. de Mortagne, p. 1,017. — Arm. col. p. 807.)

(1) Procureur en l'élection, échevin de la ville de Mortagne.

(2) Sieur de Hutrel; possédait la terre des Boullais, p^sse du Pin. *(Minutes de Me Heudeline, notaire à Mortagne.)*

THIEULIN

De sable à un château d'argent.

Charles Thieulin, curé de Nuilly.

(*Elect. de Mortagne, p. 1,235. — Arm. col., p. 1,001.*)

THOMAS

D'azur au chevron d'argent accompagné de trois coquilles d'argent.

Robert Thomas, curé de St-Aubin-de-Courteraye.

(*Elect. de Mortagne, p. 1,050. — Arm. col. p. 843.*)

TIERCELIN (DE)

D'argent à deux tierces d'azur passées en sautoir, accompagnées de quatre merlettes de sable.

François de Tiercelin, éc^{r}, sg^{r} de Jarossé (1), et Pierre de Tiercelin, éc^{r}, sg^{r} de Verzé.

(*Elect. de Mortagne, p. 275 et 276. — Arm. col., p. 116.*)

Pierre de Tiercelin, écuyer.

Voir : *Gobillon (Charlotte).*

TILLY (DE)

De gueules à cinq étoiles d'argent posées en sautoir.

N..... de Tilly de Cercieux, dame.

(*Elect. de Mortagne, p. 1,243. — Arm. col., p. 1,008.*)

TIMERAIS

N... Timerais.

Voir : *Dorville (Charlotte).*

TIRMOIS

D'azur à un sautoir d'argent chargé de cinq huchets de gueules.

Madeleine Tirmois, veuve de N.... Darbois, écuyer.

(*Elect. de Mortagne, p. 1,042. — Arm. col. p. 834*)

(1) Receveur de la capitation de la noblesse du Perche. Il épousa Catherine Le Boulleur. (*Minutes de Me Heudeline, notaire à Mortagne.*) L'armorial colorié (p. 907) lui attribue comme armes : *De gueules à une oie d'argent*, ce qui est une absurde fantaisie, les armes décrites ci-dessus étant bien celles de cette ancienne famille.

Tison

De sable à une barre d'argent chargée d'un lambel à trois pendants de sinople.

Louis Tison (1), avocat au parlement au baillage de Bellême.
(Elect. de Mortagne, p. 1,289. — Arm. col., p. 1,043.)

Tollet

D'argent à un chevron de sinople, accompagné de trois croisettes de gueules.

Louis Tollet (2), curé de Ceton.
(Elect. de Mortagne, p. 1,049 — Arm. col., p. 842.)

La Tour (de)

D'or à une tour de gueules.

Victor de la Tour, greffier des rolles.
(Elect. de Mortagne, p. 1,055. — Arm. col., p. 849.)

Tourouvre

(Communauté des frères de la Charité de)

D'or à une barre d'azur chargée d'une baïonnette d'argent.
(Elect. de Mortagne, p. 1,287. Arm. col., p. 1,040.)

Tramson

D'or à trois fasces d'azur.

N..... de Tramson, chapelain de la Plonnière.
(Elect. de Mortagne, p. 1.063. — Arm. col., p. 858.)

La Trappe

D'argent à une crosse de sable accostée des lettres S et B de même.

L'abbaye de la Trappe.
(Elect. de Mortagne, p. 1,001. — Arm. col., p. 790.)

(1) Sr de Monnoue ou Mormont.
(2) L'*Arm. col.* le nomme Louis Tellon.

Travers

D'or à un lion contourné de gueules.

Pierre Travers, curé de St-Jouin-de-Blavo.
(*Elect. de Mortagne, p. 1,031. — Arm. col., p. 822.*)

Jean Travers, marchand à Nogent-le-Rotrou.
(*Elect. de Mortagne, p. 1,031. — Arm. col., p. 822.*)

Alexandre Travers, capitaine des bourgeois de Nogent-le-Rotrou.
(*Elect. de Mortagne, p. 1,031. — Arm. col., p. 823.*)

D'azur à un lion contourné d'or.

Nicolas Travers, chanoine à Nogent-le-Rotrou.
(*Elect. de Mortagne, p. 1,040. — Arm. col., p. 833.*)

Tremblay (du)

D'azur à trois lys d'argent tigés et fleuronnés d'or, et un bras de même mouvant du flanc senestre et tenant une épée d'argent.

Pierre du Tremblay, écuyer, sieur du lieu.
(*Elect. de Mortagne, p. 278.*)

Tuardière

D'azur à une bande aiguisée d'argent.

Pierre Tuardière, avocat à Bellême.
(*Elect. de Mortagne, p. 1,243. — Arm. col., p. 1,013.*)

Tucé (de)

De sable à trois jumelles d'argent, chacune séparée d'un filet d'or.

André de Tucé, écuyer.
(*Elect. de Mortagne, p. 431. — Arm. col., p. 341.*)

Turgeon

D'azur à trois poissons d'argent rangés en pal.

Robert Turgeon, chirurgien (1).
(*Elect. de Mortagne, p. 1,010. — Arm. col, p. 800.*)

(1) Chirurgien à Mortagne. Il épousa une dlle Lefèvre. (*Minutes de Me Heudeline, notaire à Mortagne.*)

TURIN (DE)

D'azur à un lion d'or.

Philbert, marquis de Turin (1), et [Marie de Castelnau] (2), sa femme.

(Elect. de Mortagne, p. 1,057. — Arm. col., p. 853.)

Voir : *Castelnau (Marie de).*

USTON (D')

D'argent à une fasce de sable chargée de trois croisettes d'or.

Antoine d'Uston, prieur de Courcerault.

(Elect. de Mortagne, p. 1,054. — Arm. col., p. 847.)

VAL (DU)

D'argent à une bande de gueules.

Jean-Pierre du Val, écuyer, sieur de la Coudray.

(Elect. de Mortagne, p. 263. — Arm. col., p. 118.)

VAL (DU)

D'or à trois chevreuils passants de gueules, à trois fasces d'argent brochantes une sur chaque chevreuil.

Louis du Val, éc^r, s^r de Mesnus.

(Elect. de Mortagne, p. 1,077.)

VAL-DIEU (Chartreuse de)

D'azur à une Notre-Dame d'or.

Le couvent de la Chartreuse de Notre-Dame de Val-Dieu, près Mortagne.

(Elect. de Mortagne, p. 429. — Arm. col., p. 421.)

(1) S^r des châtellenies de Ceton, Maugasteau, Gley, les Etillieux, Rouperoux, Souday, Vion et Metz le Maréchal, fils de Philbert de Turin, cons^r du roi, et de Caterine Le Picart. Il fut accordé le 16 septembre 1654 avec dame Marie de Castelnau, veuve de M. Jean de Pierre-Bufflère. (*B. N., cab. d'Hoz., 614.*)

(2) *D'azur à la licorne d'argent passant.*

Vallée

D'or à trois bandes de sinople.

Jacques Vallée, curé de la Mesnière.
(*Elect. de Mortagne, p. 1,028. — Arm. col., p. 819.*)

Vasconcelles (de)

D'argent à trois fasces vivrées de gueules.

N..... de Vasconcelles, écuyer, seigneur de la Vallée.
(*Elect. de Mortagne, p. 1,054. — Arm. col, p. 848.*)

Vasseur

D'azur à trois fasces ondées d'argent.

François Vasseur, curé de Margon.
(*Elect. de Mortagne, p. 1,004. — Arm. col, p. 793*).

Verdier

D'argent à une fasce de sinople surmontée d'un oiseau de même.

Pierre Verdier, curé de Sainte-Gauburge.
(*Elect. de Mortagne, p. 1,011. — Arm. col., p. 801.*)

Véron

D'azur à trois chevrons d'or.

Françoise Véron, veuve de François Collet, écuyer, sieur de la Graffardière.
(*Elect. de Mortagne, p. 1,004. — Arm. col., p. 793.*)

Verrières

D'or à une barre de sable chargée d'un cœur d'argent.

La communauté des frères de la charité de Verrières.
(*Elect. de Mortagne, p. 1,288. — Arm. col. p. 1,040.*)

Viellard (de)

D'argent à trois glands, et une hure de sanglier de sable, le tout disposé en sautoir.

François de Viellard, écuyer, sgr de Mousseaux.
(*Elect. de Mortagne, p. 276. — Arm. col., p. 113.*)

De sable à trois étoiles d'or.

Marie de Viellard, fille.

(*Elect. de Mortagne, p. 1,242. — Arm. col., p. 1,110.*)

François de Vieillard.

Voir : *Inconnus, n° 32.*

N..... de Vieillard, éc^r^, s^r^ de Vaux.

Voir : *La Fontaine (N..... de).*

VILLEFOUR (DE)

D'azur à trois chevrons d'or, au chef d'argent, chargé de trois roses de gueules.

François de Villefour, vicaire de Saint-Jouin-de-Blavou.

(*Elect. de Mortagne, p. 1,061. — Arm. col., p. 855.*)

VILLEREAU (DE)

De sable au lion d'argent, couronné, lampassé et armé d'or, accompagné de cinq fleurs de lys de même, deux en chef, deux en flanc et une en pointe.

Françoise de Villereau, veuve de Jean-Baptiste de Bonvoust, écuyer, seigneur de Courgeoust (1).

(*Elect. de Mortagne, p. 275. — Arm. col., p. 267.*)

Jean de Villereau, éc^r^, s^r^ de St-Hilaire.

(*Arm. col., p. 229.*)

Jean-Baptiste de Villereau, éc^r^, s^r^ de la Popelinière.

(*Arm. col., p. 252.*)

Jacqueline de Villereau, femme de Guillaume de la Vigne, éc^r^, s^r^ des Mares.

(*Arm. col., p. 323.*) (2).

VILLIERS

De sable à une bande d'argent chargée d'une roue de sinople.

La Communauté des Frères de la Charité de Villiers.

(*Elect. de Mortagne, p. 1,287. — Arm. col., p. 1,040.*)

(1) De Prulay et du Mesnil (*B. N., cab. d'Hoz., 111*).

(2) L'arm. col. donne : *D'azur à trois grappes de raisin de sinople, qui sont : de la Vigne.*

VILMAY (DE)

D'azur à deux tours d'argent en chef et un arbre d'or en pointe.

André de Vilmay, écuyer, sieur de la Vallée, huissier du commun de S. A. R. Monsieur.
(Elect. de Mortagne, p. 1.045. — Arm. col., p. 838.)

LA VOVE (DE)

De sable à six besans d'argent posés 3, 2 et 1.

Pierre de la Vove, écuyer, sieur des Broussières.
(Elect. de Mortagne, p. 272. — Arm. col., p. 115.)

Pierre de la Vove, écuyer, sieur de Bellegarde.
(Elect. de Mortagne, p. 275. — Arm. col., p. 116.)

D'azur à un lion d'argent.

Antoine de la Vove, chevalier, seigneur de Tourouvre (1).
(Elect. de Mortagne, p. 1,000. — Arm. col., p. 788.)

Marie de la Vove, femme de Jacques de Bailleul.
(Elect. de Mortagne, p. 1,004. — Arm. col., p. 794.)

(1) Voir : *Rennefort (Marie de).*

INCONNUS

1.

D'azur à 3 grappes de raisin d'or.

N....., femme de René-François de Bonvoust, écuyer.

(Elect. de Mortagne, p. 1,016. — Arm. col., p. 806.)

2.

D'or à un arbre de sinople, à un sanglier de sable passant devant le pied de l'arbre.

N....., femme de Charles de Groignaux, éc[r], sg[r] de Boissay.

(Elect. de Mortagne, p. 1.014.)

3.

D'or à une fasce de gueules accompagnée de trois roses de même.

N....., femme de Robert Saugeron, greffier.

(Elect. de Mortagne, p. 1,023. — Arm. col., p. 814.)

4.

D'azur à une bande d'argent.

N....., femme de Charles Besnard, éc[r].

(Elect. de Mortagne, p. 1,024. — Arm. col., p. 815.)

5.

De sinople à trois chevrons d'or.

N....., femme de Antoine Le Lasseur.

(Elect. de Mortagne, p. 1,024. — Arm. col., p. 815.)

6.

D'or à trois pals de sinople.

N....., femme de Jacques-Antoine Le Clerc, huissier des chambellans du roi.

(Elect. de Mortagne, p. 1,027. — Arm. col., p. 818.)

7.

D'argent à trois étoiles d'azur.

N....., femme de Jacques Le Clerc, huissier des chambellans du roi.

(*Elect. de Mortagne, p. 1,027. — Arm. col , p. 818.*)

8.

D'or à un sautoir de sable, accompagné de quatre trèfles de même.

N....., femme de André de Chandebois, écuyer.

(*Elect. de Mortagne, p. 1.028. — Arm. col., p. 819.*)

9.

D'azur à trois pals d'or.

N....., veuve de François Le Comte, éc^r^, sieur de Boiscorde.

(*Elect. de Mortagne, p. 1,028. — Arm. col. p. 819.*)

10.

D'azur à un chevron d'or accompagné de 3 roses de même.

N....., femme de Charles-Richard de Puysaye, écuyer.

(*Elect. de Mortagne, p. 1,037. — Arm. col., p 829.*)

11.

D'argent à une bande fuselée d'azur.

N....., femme de Félix Fortin, écuyer, sieur des Angers.

(*Elect. de Mortagne, p. 1,037 — Arm. col., p. 829.*)

12.

D'argent à trois tours de gueules.

N....., femme de René du Grenier, marquis d'Oleron.

(*Elect. de Mortagne, p. 1,038. — Arm. col. p. 830.*)

13.

D'azur à un croissant d'or accompagné de six roses de même rangées trois en chef et trois en pointe.

N....., femme de Alexandre (1) Dutertre, écuyer.

(*Elect. de Mortagne, p. 1,049. — Arm. col., p. 842.*)

(1) *L'Arm. col.* le nomme Louis.

14.

D'azur à quatre fusées d'argent mises en fasce.

N....., femme de Augustin de Glapion, écuyer, sieur de la Boissière.

(*Elect. de Mortagne, p. 1,053. — Arm col. p. 847.*)

15.

D'azur à un chevron d'or accompagné de trois roses de même.

N..... (1), femme de N..... de Menon, comte de Turbilly.

(*Elect. de Mortagne, p. 1,058. — Arm. col., p. 853.*)

16.

De gueules à une fasce d'argent accompagnée de trois quintefeuilles d'or.

N....., femme de François de St-Pol.

(*Elect. de Mortagne, p. 1,058. — Arm. col., p. 852.*)

17.

De gueules à deux pals de vair.

N....., veuve de N..... de Bouillé, sieur de Longbuisson.

(*Elect. de Mortagne., p. 1,251. — Arm. col., p. 1,011.*)

18.

D'argent à une bande fuselée de gueules.

N....., femme de Jacques Philippe, écuyer, sieur de Brinville.

(*Elect. de Mortagne, p. 1,256. — Arm. col., p. 1,019.*)

19.

D'argent à trois merlettes de sable.

N....., veuve de N..... de la Chevalerie, écr.

(*Elect. de Mortagne, p. 1,257. — Arm. col., p. 1,020.*)

20.

D'argent à un lion d'azur lampassé et armé de gueules.

N....., femme de Augustin de St-Pol.

(*Elect. de Mortagne, p. 1,058. — Arm. col., p. 852.*)

(1) Porte : *D'or au château de gueules.*

21.

Fascé d'or et d'azur de six pièces.

N....., femme de Charles de Cissay, écuyer.
(*Elect. de Mortagne, p. 1,060. — Arm. col., p. 855.*)

22.

D'azur à trois coquilles d'argent, deux et une.

N....., femme de Pierre Dubois, éc[r], sieur du Buisson.
(*Elect. de Mortagne, p. 1,061. — Arm. col., p. 855.*)

23.

De gueules à un château sommé de trois tours d'or.

N....., femme de Claude Mallard, écuyer, sieur du Mesnil.
(*Elect. de Mortagne, p. 1,237. — Arm. col., p. 1,003.*)

24.

D'argent à une aigle de sable.

N....., femme de Gilles de Fontenay, écuyer.
(*Elect. de Mortagne, p. 1,238. — Arm. col., p. 1.003.*)

25.

D'argent à un lion d'azur.

N....., chapelain de Notre-Dame de St-Cir.
(*Elect. de Mortagne, p. 1,239. — Arm. col., p. 1,004.*)

26.

D'or à deux fasces de gueules.

N....., veuve de N..... de Bouillé, écuyer, sieur de Longbuisson (1).
(*Elect. de Mortagne, p. 1,246. — Arm. col., p. 1,015.*)

27.

De sable à cinq besans d'argent posés en sautoir.

N....., femme de Jacques-Alexandre de Châteauthierry, écuyer.
(*Elect. de Mortagne, p. 1.258. — Arm. col., p. 1,111.*)

28.

De gueules à un chevron d'or accompagné de trois étoiles de même.

N....., femme de Jacques de Rohard, éc[r], sieur de St-Hilaire.
(*Elect. de Mortagne, p. 1,258. — Arm. col., p. 1,111.*)

(1) Voir ci-dessus n° 17.

29.

D'argent à une bande d'azur chargée d'une croix pattée d'or.

N....., femme de Jacques Clestein, écuyer, sieur de la Giraudière.

(Elect. de Mortagne, p. 1,285.)

30.

D'azur à un chevron d'argent, accompagné en chef de deux besants d'or; et en pointe d'une gerbe de même.

N....., femme de Jacques-François du Pastis, procureur du roi au baillage de Mortagne.

(Elect. de Mortagne, p. 660. — Arm. col., p. 419.)

31.

Fascé d'argent et de gueules de six pièces.

N....., femme de Gabriel Le Bovier, écuyer.

(Elect. de Mortagne, p. 1,028. — Arm. col., p. 819.)

32.

D'azur à deux bandes d'or.

N....., femme de François du Vieillard.

(Elect. de Mortagne, p. 1,031. — Arm. col., p. 823.)

33.

D'azur à un sautoir d'or chargé en cœur d'une rose de gueules.

N....., femme de Louis Danse, écuyer, sieur de Gallardon.

(Elect. de Mortagne, p. 1,064. — Arm. col., p. 858.)

34.

D'azur à un cerf passant d'or (1).

N....., femme de Henry de Groignaux, écuyer.

(Elect. de Mortagne, p. 1,018. — Arm. col., p. 809.)

35.

D'or au lion passant de sable.

N....., femme de Gaspard de Glapion, éc^{r}, s^{r} de la Noë.

(Arm. col., p. 436.)

(1) *L'Armorial colorié* donne : *A un cerf passant d'argent.*

36.

De gueules à trois besants d'argent.

N....., femme de Jacques Abot, éc^{r}, s^{r} de Champs.
(*Arm. col., p. 816.*)

37.

De sable à six losanges d'argent accolés posés en bande.

N....., femme de Grégoire de Mézenges, éc^{r}.
(*Arm. col., p. 907.*)

ADDITIONS

AVESGO

Christophe d'Avesgo, sr d'Apnay.
Voir : *Riants (Marie-Louise de).*

BEAUVAIS (DE)

Claude de Beauvais St-Pol, écuyer, sr des Boulays.
Voir : *Le Maignan (Catherine).*

BRY (DE)

Gilles de Bry, officier au baillage de Bellême.
Voir : *Gouin (Françoise).*

CHEMILLY

D'azur à deux bourdons d'or passés en sautoir.

Le prieuré de Chemilly.
(Elect. de Mortagne, p. 1,224. — Arm. col., p. 993.)

CHEMILLY

D'azur à une fasce d'or chargée d'une baïonnette de gueules.

La Communauté des Frères de la Charité de Chemilly.
(Elect. de Mortagne, p. 1.288. — Arm. col., 1.041.)

CHESNAY (DU)

De sable à trois roses d'argent.

Marguerite du Chesnay, veuve de Jacques du Chesnay, écr, sr de Villépendue.
(Elect. de Mortagne, p. 271.)

Michel du Chesnay (1), éc^{r}.
(Elect. de Mortagne, p. 662.)

De sinople au pal d'argent chargé d'une croisette pattée de sable.

Marguerite du Chesnay, veuve de Jacques du Chesnay, éc^{r}, sieur de Villépendue (2).
(Elect. de Mortagne, p. 1,289. — Arm. col., p. 1,042.)

Chesnebrun

D'azur à un chêne d'or.

René Chesnebrun, greffier des rolles.
(Elect. de Mortagne, p. 1.026. — Arm. col., p. 817.)

Julien Chesnebrun, marchand.
(Elect. de Mortagne, p. 1.026. — Arm. col., p. 817.)

D'Orville

Parti au 1er d'azur semé de fleurs de lys d'argent; au 2e d'argent à une fasce d'or accompagnée de deux têtes de lion arrachées de même, une en chef, une en pointe.

Charlotte Dorville, veuve de N..... Timerais, éc^{r}.
(Elect. de Mortagne, p. 1,077.)

(1) Il épousa Marie-Charlotte d'Escorches. *(Minutes de Me Heudeline, notaire à Mortagne.)*

(2) Cette Marguerite est certainement la même que celle ci-dessus, et les dernières armoiries qu'on lui attribue sont certainement de pure fantaisie.

www.ingramcontent.com/pod-product-compliance
Ingram Content Group UK Ltd.
Pitfield, Milton Keynes, MK11 3LW, UK
UKHW020345230726
13925UKWH00003B/964